AF311069

FACULTÉ DE DROIT

THÈSE POUR LE DOCTORAT

DE LA

MITOYENNETÉ DES MURS

Thèse présentée et soutenue le Vendredi 15 Juin 1900

PAR

Léon MARCHAND

EXAMINATEURS :

MM. DE CAQUERAY, *Doyen de la Faculté de Droit;*
FETTU, } *Professeurs.*
CHATEL,

RENNES

IMPRIMERIE FR. SIMON, SUCC* DE A. LE ROY

IMPRIMEUR BREVETÉ

1900

THÈSE POUR LE DOCTORAT

FACULTÉ DE DROIT

THÈSE POUR LE DOCTORAT

DE LA

MITOYENNETÉ DES MURS

Thèse présentée et soutenue le Vendredi 15 Juin 1900

PAR

Léon MARCHAND

EXAMINATEURS :

MM. DE CAQUERAY, *Doyen de la Faculté de Droit;*
FETTU,
CHATEL, } *Professeurs.*

RENNES

IMPRIMERIE FR. SIMON, SUCCʳ DE A. LE ROY
IMPRIMEUR BREVETÉ

1900

BIBLIOGRAPHIE

AUBRY et RAU. — *Droit civil français*. Tome II.

BAUDRY-LACANTINERIE et CHAUVEAU. — *Des Biens*, deuxième édition.

BRÉSILLION. — *Note dans Dalloz 1889, 1, 321*.

DALLOZ. — *Répertoire et recueil de Jurisprudence*.

DELVINCOURT. — *Cours de Code civil*. Tome I.

DEMANTE. — *Cours de Code civil*. Tome II.

DEMOLOMBE. — *Cours de Code Napoléon*. Tome XI.

DESCHAMPS. — *De la cession forcée de la mitoyenneté*, thèse de Doctorat. Paris, 1896.

FENET. — Travaux préparatoires. Tome XI et tome II.

Gazette du Palais et Gazette des Tribunaux. — Recueils de Jurisprudence.

DE LA GRASSERIE. — *Code civil allemand*.

GUILLOUARD. — *Traité du contrat de louage*. Tome I.

HUC. — *Commentaire du Code civil*. Tome IV.

LABORI. — *Répertoire de Jurisprudence*.

LABOULAYE et DARESTE. — *Le grand coutumier de France*.

LAURENT. — *Principes du Droit civil français*. Tome VII.

Le Courtois. — *Journal Le Droit*, 5 novembre 1887 ;
France judiciaire, année 1889, 1re partie, page 197.

Lepelletier. — *Code civil portugais*.

Levé. — *Code civil espagnol*.

Locré. — *Législation civile*. Tome VIII.

Loysel. — *Institutes Coutumières*. Tome I.

Marcadé. — *Explication du Code Napoléon*. Tome II.

Masselin. — *Traité pratique sur les murs mitoyens*.

Mingaud. — *De la nature de l'action en paiement du compte de mitoyenneté*, thèse de doctorat. Paris, 1891.

Mourlon. — *Code Napoléon*. Tome I.

Nectoux. — *De la mitoyenneté*, thèse de Doctorat. Paris, 1890.

Pandectes françaises. — *Recueil de jurisprudence*.

Pinvert. — *Nature et garantie du prix de mitoyenneté* (Article paru dans la *Gazette du Palais*. Année 1888, numéros des 30 novembre et 1er décembre).

Pothier. — *Œuvres de Pothier*, annotées par Bugnet.

Prudhomme. — *Code civil italien*.

Rendu. — *Dictionnaire des Constructions*.

Sirey. — *Recueil de jurisprudence*.

Toullier. — *Droit civil français*. Tome III.

Vigié. — *Précis de droit civil*. Tome I.

INTRODUCTION

---

§ I. — Caractères généraux de la mitoyenneté.

La mitoyenneté est la copropriété d'une clôture située sur la ligne séparative de deux héritages.

Par copropriété on entend un droit de propriété compétant à plusieurs personnes sur une même chose. Au lieu d'un droit unique et privatif sur la chose, il y a plusieurs droits de propriété qui se rencontrent et qui se mêlent. Chaque copropriétaire n'est pas maître d'une portion distincte et divise; le droit de chacun porte sur toute la chose et sur chacune de ses parties.

C'est ce qui se présente au cas de mitoyenneté, bien que cependant le contraire ait été soutenu. Certains auteurs, en effet, ont prétendu que le mur mitoyen était censé divisé par le milieu, de telle façon que la moitié déterminée par la ligne mitoyenne qui se trouve dans l'axe même du mur appartiendrait à chacun des propriétaires voisins.

Pothier, dans notre ancien droit, avait déjà fait justice de cette distinction en disant qu'elle ne reposait que sur une subtilité; — son opinion a été suivie par la plupart des auteurs modernes qui s'accordent à reconnaître que la mitoyenneté est une copropriété — seulement c'est une copropriété d'un genre spécial et qui, à raison de sa nature, déroge à certaines des lois régissant la copropriété ordinaire.

Ainsi, d'après l'article 815 du Code civil, quand une chose est commune, chacun des copropriétaires peut demander le partage, c'est-à-dire demander qu'à son droit général et indivis sur toutes les parcelles de la chose, soit substitué un droit exclusif sur une partie fixe et déterminée de cette chose. C'est même là, disons-le en passant, un des principes fondamentaux qui ont dirigé les rédacteurs du Code civil. Ils ont voulu rendre la propriété aussi individuelle que possible, et empêcher l'indivision forcée qui le plus souvent n'est qu'une source de querelles entre les divers communistes, et un obstacle à la bonne administration ainsi qu'à l'amélioration des biens sur lesquels elle porte. — Ce principe d'ordre public, que les actions *communi dividundo et familiæ erciscundæ* faisaient déjà entrevoir en droit romain ne s'applique pourtant pas à la matière qui nous occupe. L'un des copropriétaires de la chose mitoyenne ne peut pas en exiger le partage. La cessation de l'indivision n'est possible qu'autant que l'un des copropriétaires renonce à son droit, ce qu'il peut avoir intérêt à faire, comme nous le verrons bientôt, afin de se soustraire aux charges qui en résultent pour lui. Nous en trouvons la preuve dans l'article 656 qui s'exprime ainsi : « Cependant tout copropriétaire peut se dispenser de contribuer aux réparations et reconstructions en abandonnant le droit de mitoyenneté, pourvu que le mur mitoyen ne soutienne pas un bâtiment qui lui appartienne. »

La mitoyenneté est donc une copropriété avec indivision forcée, et cette dérogation au principe de l'art. 815 constitue l'un de ses caractères distinctifs et essentiels. Pour expliquer cette dérogation, il suffit de faire remarquer que la mitoyenneté favorise la clôture et qu'elle procure des avantages surpassant de beaucoup les inconvénients qui résultent de la communauté ; — dès lors, le législateur n'a pas voulu la soumettre à la nécessité du partage, car, ainsi que le fait observer Demolombe[1], « partager en ce cas, ce serait détruire, la chose ne pouvant rendre les services qu'elle est destinée à rendre, qu'autant qu'elle demeurera indivise. »

Cette différence n'est pas la seule qui existe entre la copropriété ordinaire et la mitoyenneté.

Tandis que nul ne peut en principe être contraint de céder sa propriété en tout ou en partie, si ce n'est pour cause d'utilité publique, la cession de la mitoyenneté est quelquefois forcée — Un voisin peut, dans certains cas, obliger son voisin à lui céder la mitoyenneté de son mur (art. 660 et art. 661). De même, en vertu de l'art. 663, chacun peut contraindre son voisin, dans les villes et faubourgs, à construire un mur pour clore leurs héritages contigus — L'établissement de la mitoyenneté est ici forcé ; quand, au contraire, il s'agit de copropriété ordinaire, sa constitution est toujours volontaire.

La mitoyenneté diffère encore de la copropriété, en

1. Demolombe, t. XI, n° 310.

ce qu'elle donne des droits plus étendus que ceux dont jouissent en général les communistes — Il est de règle en effet, qu'un copropriétaire ordinaire ne peut faire d'innovation sur la chose commune, sans avoir au préalable obtenu le consentement de tous les intéressés. — Le droit d'innovation existe au contraire en notre matière ; chaque propriétaire peut tirer de la chose mitoyenne, même en la modifiant, tous les avantages qu'elle peut procurer, à la seule condition de ne pas nuire à son voisin.

Enfin, grâce encore à la faveur dont elle jouit, la mitoyenneté comporte certains modes de preuve spéciaux. Sans avoir besoin d'invoquer un titre ou sa possession, chacun des voisins peut, pour prouver sa copropriété, recourir à de simples présomptions. Dès lors que la clôture se trouve sur la limite séparative de deux fonds placés dans les conditions déterminées par la loi, le législateur la présume mitoyenne, en se fondant sur cette probabilité que les voisins, ayant le même intérêt à posséder une clôture à l'extrémité de leurs héritages, ont dû la faire à frais communs.

Voilà brièvement énumérées les principales différences que présente la mitoyenneté avec la copropriété ordinaire. — On ne saurait non plus, malgré la place qu'elle occupe dans notre Code, la confondre avec les servitudes. Pour l'existence d'une servitude, il faut supposer deux fonds : un fonds dominant bénéficiant de la servitude, un fonds servant grévé de la charge. La situation des deux fonds n'est donc pas réciproque. Or, dans l'hypothèse de la mitoyenneté, les héritages sont placés sur un pied de parfaite égalité. Il n'y a ni fonds dominant, ni fonds servant. Cette observation suffit à prouver que la mitoyenneté n'est pas une véritable servitude. Dès lors, il faut conclure que ce qui a rapport au mur mitoyen est régi par les principes de la copropriété sous réserve de certaines exceptions, et non par les principes relatifs aux servitudes.

Bien que la mitoyenneté puisse porter sur toute clôture, un mur, un fossé, une haie, nous nous occuperons exclusivement de la mitoyenneté des murs.

§ II. — Historique.

A Rome, la mitoyenneté était à peu près inconnue pour cette raison bien simple, que les propriétaires ne pouvaient construire sur la limite extrême de leurs héritages. Ils devaient, d'après la loi, laisser entre le mur et la propriété du voisin, la distance d'un pied s'il s'agissait d'un simple mur de clôture, et de deux pieds, s'il s'agissait d'une maison. De la sorte, les maisons d'habitation étaient absolument isolées les unes des autres, et formaient, disent les textes, comme autant de petites îles, *insulæ*, séparées par d'étroits passages nommés *ambitus*[1].

Les murs mitoyens ne pouvaient donc être qu'une très rare exception; on serait même tenté de croire qu'ils n'existaient pas. Pourtant, il y a au Digeste des textes qui font mention du *paries communis*, et ces mots, surtout quand ils se trouvent au titre *De Damno infecto*, visent bien, à n'en pas douter, le cas d'un véritable mur mitoyen, c'est-à-dire d'un mur apparte-

1. *Dig.*, L. 13, *Finium regundorum*.

nant à deux voisins. Cela prouve donc que la mitoyenneté ne fut pas absolument ignorée des Romains. Mais, ce qui est certain, c'est qu'ils ne connaissaient pas la mitoyenneté *présumée*. La mitoyenneté ne pouvait résulter chez eux que d'une convention entre voisins, ou d'un legs. Ainsi que le disait Berlier dans son Exposé des motifs : « la mitoyenneté ne s'acquérait et ne s'acquiert encore aujourd'hui (dans les pays de droit écrit) que par le concours de deux volontés ; il ne suffit pas que l'une des parties veuille l'acquérir, il faut que l'autre y consente ; c'est un contrat ordinaire, et si le voisin refuse à quelque prix que ce soit, de donner part à son mur, celui qui désire la mitoyenneté est tenu d'y renoncer et de bâtir sur son fonds un mur qui lui reste en totalité[1]. »

La cession forcée de la mitoyenneté était donc aussi complètement inconnue ; on ne trouve dans la législation romaine aucun texte analogue à notre article 661. On y rencontre au contraire, des décisions impériales qui, au lieu de favoriser la mitoyenneté, tendaient plutôt à la prohiber. C'est ainsi, d'après Tacite[2], qu'à la suite d'incendies considérables qui avaient détruit Lyon et Rome, des décrets furent rendus, à l'effet de porter à dix pieds la largeur des ruelles qui devaient entourer les maisons.

Plus tard Antonin et Constantin prirent des mesures identiques. L'empereur Zénon, dans une de ses constitutions alla même jusqu'à prescrire de laisser un intervalle de douze pieds entre la maison que l'on

1. FENET, *Travaux préparatoires*, t. XI, p. 308.
2. *Annales*, l. 13, § 13, et l. 15, § 2.

voulait bâtir et celle du voisin, sans qu'il fût permis ni à l'un ni à l'autre, de rien établir, de rien édifier sur cet espace[1].

Les auteurs du Code civil n'ont donc pu recourir au droit romain ; par contre, le droit coutumier leur a fourni des précédents utiles à consulter. Dès le moyen âge en effet, on constate la tendance qui s'accentue progressivement des populations rurales à affluer dans les centres ; les emplacements deviennent rares, le prix des terrains à bâtir s'élève ; dès lors, les habitations ne sont plus dispersées, mais étroitement groupées ; non seulement il n'est plus défendu de bâtir en joignant immédiatement le voisin, mais la mitoyenneté est complètement entrée dans la pratique. Ainsi en 1388 ou 1389 le grand Coutumier de France dit déjà : « Ils sont deux manières de murs ; les ungs sont moitoiens et parçonniers, et les aultres non, mais proprement sont à certaine personne[2]. » Ce n'est pas tout ; — en continuant la lecture de cet ouvrage, on remarque que dès cette époque, le voisin peut être contraint de céder la mitoyenneté de son mur. : « L'usaige, coustume et commune observance de la ville de Paris sont tels : se aucun veult faire quelque édifice..... joignant sans moyen au mur de la maison d'aucune aultre personne, qui n'est pas moytoien, il peult faire adjourner icelle personne et requérir qu'elle soit condamnée et contraincte à luy vendre la moytié d'icelluy mur et à lui délaisser par juste prix. Le juge en-

---

1. L. 12, § 2 Code. *De ædificiis privatis.*
2. LABOULAYE et DARESTE, *Grand Coutumier de France*, p. 355.

voira les maçons jurés, et en payant la moitié du prix total, il aura la moitié dudict mur [1]. »

La même disposition se retrouve dans l'article 194 de la Coutume de Paris, dans l'article 235 de la Coutume d'Orléans et dans un grand nombre d'autres coutumes. C'était là, on peut le dire, une règle générale, suivie par toutes les Coutumes, même par celles qui ne contenaient pas de disposition spéciale à cet égard, la Coutume de Paris constituant sur ce point le droit commun coutumier de la France. — Remarquons toutefois qu'ils n'en était pas ainsi dans les pays de droit écrit. Là, on avait continué de suivre le droit romain, et la mitoyenneté ne pouvait s'acquérir que par le concours de deux volontés ; — il ne suffisait pas, comme disait Berlier, que l'une des parties voulût l'acquérir, il fallait que l'autre y consentît.

Constatons que la plupart des règles qui régissent actuellement la mitoyenneté, se trouvaient déjà écrites dans nos anciennes Coutumes où, pourtant, elles étaient loin d'être uniformes. Ainsi, pour ne citer qu'un exemple, plusieurs Coutumes, notamment celle d'Orléans, article 232, permettaient à celui qui voulait bâtir contre le mur commun, de le percer tout oultre, et d'asseoir ses bois dans toute son épaisseur. D'autres, au contraire, en particulier celle de Paris, article 208, ne lui permettaient de loger ses poutres que jusqu'à la moitié de l'épaisseur du mur, etc...

Les rédacteurs du Code civil se sont surtout inspirés de la Coutume de Paris.

Pour connaître et apprécier leur œuvre au point de

---

1. LABOULAYE et DARESTE, *Grand Coutumier de France*, p. 356.

vue de la question qui nous occupe, nous diviserons notre travail en deux parties :

PREMIÈRE PARTIE : Des cas dans lesquels un mur est mitoyen ;

DEUXIÈME PARTIE : Conséquences de la mitoyenneté.

MITOYENNETÉ DES MURS

PREMIÈRE PARTIE

DES CAS DANS LESQUELS UN MUR EST MITOYEN

Le mur est mitoyen quand il a été construit par deux voisins à frais communs, ou lorsque, ayant été construit entièrement par l'un d'eux, sur la limite extrême de son héritage, l'autre en a acquis la mitoyenneté à titre onéreux ou à titre gratuit. — Ces faits, une fois prouvés, établissent, à n'en pas douter, la mitoyenneté. Mais avec le temps, cette justification peut devenir très difficile sinon impossible ; alors, la loi, pour éviter les contestations toujours trop fréquentes entre voisins, y a suppléé en présumant le mur mitoyen sous certaines conditions qu'elle énumère.

Un chapitre spécial sera consacré à l'étude de ces différents cas.

CHAPITRE PREMIER

LE MUR EST MITOYEN QUAND IL A ÉTÉ CONSTRUIT

A FRAIS COMMUNS

I. — Construction volontaire.

A la campagne, on est libre de clore ou de ne pas clore son héritage, en vertu de ce principe que chacun est maître absolu de sa chose : *unusquisque rei suæ moderator est et arbiter*. Pour que la clôture soit élevée à frais communs, il faudra donc que les voisins intéressés prennent un arrangement, s'entendent sur la nature des matériaux à employer, sur le mode de construction, sur le partage des frais, etc. Si cet accord ne se présente pas, celui qui veut se clore devra faire le mur entièrement à ses frais, sans pouvoir forcer son voisin à contribution. Ce dernier est toujours libre de refuser son concours.

II. — Construction forcée.

Il n'en est plus de même dans les villes et faubourgs. Le principe que nous venons de citer d'après lequel chacun est libre de disposer de sa chose à son gré, reçoit ici une dérogation très importante. L'article **663** en effet, reproduisant l'article **209** de la Coutume de Paris, s'exprime en cés termes : « Chacun peut contraindre son voisin dans les villes et faubourgs, à contribuer aux constructions et réparations de la clôture faisant séparation de leurs maisons, cours et jardins assis ès-dites villes et faubourgs ; la hauteur de la clôture sera fixée suivant les règlements particuliers ou les usages constants et reconnus ; et à défaut d'usages et de règlements, tout mur de séparation entre voisins, qui sera construit ou rétabli à l'avenir, doit avoir au moins trente-deux décimètres (dix pieds) de hauteur, compris le chaperon, dans les villes de cinquante mille âmes et au-dessus, et vingt-six décimètres (huit pieds) dans les autres. »

C'est là, nous le répétons, une grave atteinte au droit de propriété, atteinte justifiée pourtant par la raison qui l'a fait admettre. En édictant la clôture forcée, le législateur a voulu obvier aux inconvénients que peut entraîner pour la sécurité des personnes et des propriétés l'agglomération de la population, et prévenir, autant que possible, les querelles de voisinage. Ce but ressort clairement de l'article 663 qui prend soin de nous dire que la hauteur doit être d'autant plus élevée que la population est plus considérable. Le motif sur lequel repose le principe de la clôture forcée est donc, selon nous, un motif d'intérêt général, bien que cela soit contesté, comme nous le verrons bientôt.

Ceci dit, nous allons analyser brièvement l'article 663 et passer successivement en revue les principales difficultés auxquelles il a donné lieu.

« Chacun peut contraindre son voisin dans les villes et faubourgs. » — Comment reconnaître les villes et les faubourgs? Le projet du Code[1] ne rendait la clôture obligatoire que dans les communes ayant plus de trois mille habitants. Cette disposition n'ayant pas été maintenue, il importe de savoir à quelle autorité il appartient de décider en cas de difficulté, si telle localité est ou non une ville. Des auteurs prétendent que le soin de trancher cette question revient à l'Administration[2]; mais cette opinion paraît aujourd'hui abandonnée. — La majorité de la doctrine admet au contraire que c'est aux tribunaux civils à résoudre cette difficulté qui n'est en somme qu'une question de fait.

La jurisprudence est en ce sens (Nancy, 12 novembre 1892, D. 1893, 2, 519 ; Tribunal civil de la Seine 28 juin 1894, D. 1894, 2, 328; *Pandectes françaises* 1895, 2, 24).

Les juges doivent donc rechercher dans les circonstances de chaque cause, les éléments permettant d'apprécier s'il y a ville ou faubourg et non pas campagne. C'est ainsi qu'il a été jugé « que l'existence dans une commune et le long des rivages de la mer d'une agglomération composée de maisons et de villas

1. FENET, t. II, p. 117.
2. DELVINCOURT, t. I, p. 392 ; DURANTON, t. V, n° 319, note 1.

nombreuses avec jardins aménagés en vue d'attirer les baigneurs et les touristes, lorsqu'elle est venue se former autour d'une ville qui en est le centre, comme elle en a été le germe, est une des circonstances qui peuvent et doivent avoir une influence prépondérante sur la manière d'apprécier si tel ou tel immeuble faisant partie de cette agglomération, se trouve par sa situation devoir être rangé parmi les dépendances de la ville et du faubourg[1]. »

Cette solution, du reste, est en harmonie avec la jurisprudence des Cours d'appel et de la Cour de cassation qui, relativement à l'application de l'article 974 du Code civil, déclarent également que c'est aux tribunaux judiciaires qu'il appartient de décider si le lieu dans lequel un testament par acte public a été reçu, est ou non une campagne.

Que faut-il entendre par ces mots : « Construction et réparations de la clôture. » ? — Ces expressions visent deux cas : le cas où il n'y a pas de clôture et le cas où la clôture existante ne répond plus à sa destination.

La clôture dont il s'agit doit être nécessairement un mur. Les termes employés par le législateur pourraient prêter à équivoque ; mais cette équivoque disparaît quand on a lu l'article 663 en entier. Une haie, une palissade, etc., ne suffiraient pas pour empêcher l'application du texte. — C'est par suite de cette idée que la Cour de cassation, dans un arrêt rendu le 1er février 1860, a jugé qu'un propriétaire peut obliger son voisin à remplacer par un mur l'une de ces clôtures[2]. — La

1. *Pandectes françaises*, 1896, 2, 283.
2. Sirey, 1860, 1, 973.

loi, toutefois, n'indique pas, à la différence de notre ancien droit, la nature des matériaux à employer pour la construction du mur ; les tribunaux doivent alors trancher les difficultés en tenant compte des circonstances et de l'usage des lieux. Ils doivent également veiller au respect des servitudes acquises[1].

L'article 663 semble, au premier abord, n'exiger la clôture « qu'entre les maisons, les cours et les jardins ». Cette énumération, pourtant, ne saurait, d'après l'esprit de la loi, être considérée comme limitative ; elle prévoit seulement les cas les plus généraux. Dès lors, en effet, que l'on admet que l'article 663 a pour but d'assurer la sécurité des personnes et des propriétés, il faut étendre son principe, bien que ce soit une exception au droit commun, et l'appliquer à tous les terrains situés dans les villes et faubourgs, qui sont une dépendance nécessaire des maisons, par exemple, aux chantiers, aux passages de communication, etc. — Le propriétaire de ces terrains a évidemment autant d'intérêt à se clore, que s'il s'agissait d'une cour ou d'un jardin. « Cette solution, toutefois, d'après la jurisprudence, ne doit pas être adoptée d'une manière trop absolue ; l'état des lieux, leur situation, la nature du terrain, son étendue doivent avoir une grande influence. » C'est ainsi que la Cour de Limoges, dans son arrêt du 26 mai 1838, a jugé que le principe de la clôture forcée ne s'appliquait pas quand l'un des héritages est une prairie. Cela nous semble assez rationnel, car ce n'est pas là une dépendance intime de l'habitation. En outre, par suite de l'étendue ordi-

---

1. Cass. 10 juin 1874, S. 75, 1, 296.

naire des terrains de cette nature, la clôture exigerait
des dépenses considérables et parfois supérieures à la
valeur de ces immeubles. C'est là du reste, une des
raisons pour lesquelles l'article 663 n'est pas applicable
à la campagne.

Il n'y a rien de bien spécial à dire relativement à
la hauteur du mur de clôture. Cette hauteur est déterminée par les usages et règlements, et à défaut, par
la loi. — Notons cependant que les voisins peuvent y
déroger d'un commun accord, et donner au mur une
hauteur même inférieure à celle fixée par la loi. Cette
faculté leur a été reconnue dans une discussion au
Conseil d'État[1].

L'article 559 du Code civil italien a consacré expressément cette solution.

L'article 560 du même code vise le cas où les terrains qui doivent être séparés par le mur de clôture
sont de hauteur inégale, et il met à la charge du propriétaire du fonds supérieur les frais de construction ou de réparation du mur jusqu'au niveau de son
propre sol. Seule, la partie qui se trouve au-dessus
du sol supérieur est construite et réparée à frais
communs. — Nous croyons qu'il ne doit pas en être
ainsi en droit français : si les inégalités de terrain
sont naturelles, les frais résultant de l'ensemble des
travaux doivent toujours se partager par moitié. Il
n'y aurait à cette règle qu'une exception, dans le
cas où l'un des propriétaires aurait, par des travaux
exécutés dans son fonds, rendu nécessaire la construction du mur de soutènement. Sur lui seul, alors,

---

1. Locré, *Législ.*, VIII, p. 344, et 345 n. 2.

retomberaient les frais relatifs à cette portion des travaux[1].

Examinons maintenant les principales difficultés auxquelles a donné lieu le principe de la clôture forcée. — Une des plus sérieuses est, sans contredit, celle de savoir si l'on peut renoncer à la faculté de l'article 663 ? Nous l'avons pourtant déjà résolue en quelque sorte, quand nous avons déclaré que cette faculté accordée aux voisins était basée sur l'intérêt public, — mais, il faut le reconnaître, cette manière de voir n'est pas admise par tous, elle est même rejetée par la majorité de la doctrine et par la jurisprudence. Il nous faut donc essayer de démontrer le bien-fondé de notre opinion. Si nous admettons en effet que la disposition de l'article 663 est un principe d'ordre public, on ne saurait y renoncer, car les articles 6, 686, et 1131 du Code civil déclarent formellement que l'on ne peut, par des conventions particulières, déroger aux lois basées sur un tel principe.

La clôture forcée repose-t-elle, au contraire, sur un intérêt d'ordre privé, conformément au droit commun les parties peuvent prendre à son égard, telles conventions que bon leur semblera ; — nous le répétons, beaucoup d'auteurs soutiennent cette opinion[2].

Leur principal argument consiste à dire que lors de la discussion du projet, le Conseil d'État reconnut aux voisins la faculté de convenir que la clôture aurait une hauteur inférieure à celle fixée par le Code. Or, disent-ils, si nous étions en présence d'un principe d'ordre

1. Bordeaux, 3 mars 1873, Sirey, 1873, 2, 203.
2. Aubry et Rau, t. II, p. 231 ; — Toullier, t. III, p. 114.

public, il ne serait pas permis d'y déroger, même en ce qui concerne la hauteur du mur.

Cet argument ne nous paraît pas suffisant pour conclure que l'on puisse renoncer à la disposition de l'article 663. — La différence est grande, en effet, entre la hauteur de la clôture et la clôture elle-même : « la hauteur précise du mur, dit Laurent, est une disposition arbitraire ; on ne peut pas dire que l'ordre public soit compromis quand le mur a 1 centimètre de moins, tandis qu'il est compromis quand il n'y a pas de clôture[1]. » — D'ailleurs, il ne résulte pas de la discussion au Conseil d'État, que cette convention des voisins, permise au moment de la construction du mur, puisse engager l'avenir. Nous croyons, au contraire, que chacun d'eux conserve toujours le droit d'exiger, à n'importe quel moment, la hauteur réglementaire.

On objecte encore que le Code laisse aux particuliers l'initiative de la clôture, sans que l'État ait le droit de l'ordonner. — Se prononcer pour le caractère d'ordre public de la clôture forcée et permettre aux voisins de ne pas se clore, n'est-ce pas illogique au premier chef ?

Répondons que ce n'est pas la seule disposition d'ordre public pour l'exécution de laquelle l'Administration n'a pas à intervenir. Il en est ainsi par exemple, de la faculté qui appartient à tous propriétaires de demander le bornage et à tous copartageants le partage des biens indivis. Ils peuvent à leur gré ne pas exercer cette faculté, et pourtant ils ne pourraient valablement renoncer à la faculté inaliénable et imprescriptible de

1. LAURENT, t. VII, p. 573.

demander soit le partage, soit le bornage[1]. — Observons qu'il existe une différence analogue entre ne pas
se clore et renoncer au droit de se clore.

Pour nous, nous le répétons, le principe de la clôture forcée repose sur l'intérêt public : c'est, en effet,
une restriction au droit qui appartient à tout propriétaire de se clore ou de ne pas se clore ; c'est une dérogation au principe que chacun est maître de disposer
de sa chose à son gré, et une pareille dérogation ne
saurait être justifiée par l'intérêt privé, mais seulement
par l'intérêt public. Telle était du reste, la conception
de notre ancien droit. L'article 209 de la Coutume de
Paris considérait la clôture forcée comme une mesure de
police, d'ordre public : « C'est sûreté commune que le
grand nombre d'habitants rend nécessaire, » disait
Bourjon ; — et c'est bien ainsi encore que les rédacteurs du Code l'ont comprise. Ce qui le prouve, c'est
la précaution prise par le législateur lui-même de
décider que la hauteur de la clôture sera d'autant
plus élevée que la population est plus dense.

Nous concluons donc que les parties ne peuvent valablement renoncer à la disposition de l'article 663 La
Cour de Rouen, toutefois, en a décidé autrement[2].

A cette question que nous venons d'examiner, se rat-
tache très étroitement celle de savoir si l'article 656
proclamant la faculté d'abandon, peut s'appliquer
quand il s'agit de clôture forcée. En d'autres termes,
peut-on répondre au voisin qui réclame des réparations

1. DEMOLOMBE, t. XI, n° 241.
2. Rouen, 24 février 1844 (DALLOZ, *Rép.*, *Servitudes*, n. 561).

ou l'établissement d'une clôture, en lui abandonnant la mitoyenneté du mur existant, ou la moitié du sol sur lequel sera élevé le nouveau mur à construire, et en renonçant, *in futurum*, à la mitoyenneté de ce mur ?

Le principe, vrai suivant nous, que la clôture forcée repose sur l'intérêt public, va servir à résoudre ce point.

La jurisprudence et beaucoup d'auteurs soutiennent que l'article 656 est général et doit par conséquent s'appliquer non seulement à la campagne, mais encore dans les lieux où la clôture est forcée[1]. — C'est, en le décidant ainsi, ajoute-t-on, se conformer au principe général de l'article 699 d'après lequel le propriétaire assujetti peut toujours s'affranchir de la charge dont il est tenu comme détenteur d'un fonds servant, en abandonnant ce fonds au propriétaire du fonds auquel la servitude est due.

Ce système s'appuie encore sur la discussion qui eut lieu au Conseil d'État relativement à l'article 25 du projet, correspondant à l'article 663. Berlier ayant voulu faire insérer spécialement dans le texte la faculté d'abandon, Tronchet lui répondit que c'était inutile, « attendu que cette modification était exprimée dans l'article 18 du projet[2] » (art. 656 actuel).

Dans ce système, on arrive à ce résultat qu'il n'y a plus de clôture forcée ; on supprime en quelque sorte l'article 663. Chacun des voisins ayant le droit de se refuser à la construction ou aux réparations, celui qui

1. Orléans, 24 mai 1873, D. 73, 2, 195 ; Cassation, 27 janvier 1874, D. 74, 1, 480 ; — Cassation 26 juillet 1882, S. 84, 1, 79 ; Tribunal de la Seine, 11 décembre 1883. *Gazette du Palais* 1884, 1, 73 ; — MARCADÉ, article 663 ; AUBRY et RAU, t. II, p. 232 et note 6.
L'article 561 du Code civil italien a consacré cette opinion.
2. FENET, t. XI, p. 266.

voudra avoir une clôture devra nécessairement la faire
et l'entretenir à ses frais. Cette conséquence, à elle
seule, suffirait pour faire rejeter l'opinion de ces
auteurs ; nous ajouterons que les arguments invoqués
en sa faveur sont loin d'être concluants. A l'objection
que l'article 656 est général on peut répondre que l'article 663 est tout aussi absolu ; et pour concilier ces deux
textes, de façon à ne les sacrifier ni l'un ni l'autre, il
suffit de faire remarquer avec Laurent « qu'il y a deux
espèces de clôture, la clôture volontaire et la clôture
forcée. Les articles 653, 655 et 656 ne parlent que de la
clôture volontaire, tandis que l'article 663 parle de la
clôture forcée[1] ». Nous pouvons du reste ajouter avec
M. Baudry-Lacantinerie que « l'article 656 paraît tout
à fait inapplicable au cas où l'un des voisins élève la
prétention de se soustraire à l'obligation de contribuer
aux frais de la construction du mur de clôture, en
abandonnant la moitié du terrain nécessaire pour cette
construction. En effet, il parle d'un abandon du droit
de mitoyenneté ; — or, pour qu'il puisse être question
d'abandonner un droit de mitoyenneté, il faut évidemment qu'il y ait une chose mitoyenne, et il n'y en a
pas tant que le mur n'a pas été construit. L'article 656
n'autorise donc pas l'un des voisins à se libérer de
l'obligation de contribuer aux frais de la construction
d'un mur de clôture et dès lors il ne peut pas l'auto-
riser à se libérer de l'obligation de contribuer aux
frais des réparations du mur existant, car les deux
questions se tiennent[2] ».

1. Laurent, t. VII, n° 502.
2. Baudry-Lacantinerie, *Des Biens*, p. 705.

Le caractère d'ordre public que nous avons reconnu au principe de la clôture forcée détruit également l'argument tiré de l'article 699. Sans doute nous admettons bien que celui qui est tenu *propter rem*, peut se soustraire à ses obligations en abandonnant la chose à raison de laquelle il est tenu, mais cela n'a lieu, remarquons-le, que lorsqu'il s'agit d'une charge d'intérêt privé, et non comme dans notre matière, d'une charge d'ordre public. D'ailleurs, pour être logiques, les partisans de ce système devraient aboutir à cette conclusion, que, pour se soustraire à l'obligation de la clôture, le voisin serait forcé d'abandonner, non seulement la moitié du sol nécessaire à la construction du mur, mais sa propriété tout entière, car tout entière elle est grevée de cette servitude de construire ou de réparer. « Ce n'est pas, en effet, dit Demolombe, une charge de mitoyenneté que l'article 663 établit, c'est une obligation de voisinage, c'est un engagement de l'un des propriétaires voisins envers l'autre, engagement qui naît de la contiguité des héritages, et qui subsistera tant qu'il y aura deux héritages contigus[1]. » L'abandon de la moitié de l'emplacement ne mettant pas fin à l'état de voisinage, ne saurait non plus mettre fin à l'obligation qui en résulte.

Reste enfin l'objection puisée dans les débats qui s'élevèrent au Conseil d'État, lors de la discussion du projet.

Cette objection n'a pas en réalité la force qu'on pourrait être tenté de lui attribuer au premier abord. Pour bien apprécier la portée de l'observation de Berlier et

---

1. DEMOLOMBE, t. XI, n° 279, p. 434.

de la réponse de Tronchet, il faut voir dans quelles conditions elles intervinrent. Le projet soumis au Conseil d'État n'établissait pas la clôture forcée, et l'article 25 se bornait à fixer la hauteur des murs mitoyens qui seraient construits ou rétablis à l'avenir[1]. Ce fut plus tard, sur la demande de Bigot-Préameneu, qu'il fut admis, conformément à l'ancien droit, que, dans les villes et faubourgs, chacun pouvait contraindre son voisin aux constructions et réparations d'un mur de clôture. L'observation que Berlier avait faite précédemment ne fut pas alors renouvelée. Aussi, nous n'hésitons pas à déclarer que, selon nous, le propriétaire sommé par son voisin de contribuer à la construction ou à la réparation d'un mur mitoyen, ne peut, dans les villes et faubourgs, se soustraire à cette charge en abandonnant une portion du mur ou une portion du terrain. C'était du reste la solution admise dans notre ancien droit. Pothier, en effet, s'exprimait ainsi : « Dans les villes où il y a une loi qui oblige les voisins à construire à communs frais un mur de clôture pour s'enclore, chacun des voisins est obligé de contribuer aux réparations et même à la reconstruction du mur de clôture, sans qu'il puisse se décharger de cette obligation en offrant d'abandonner sa part dans la communauté du mur[2]. »

De ce que la clôture est forcée dans les villes et faubourgs, s'ensuit-il qu'un propriétaire, qui dans ces lieux, a construit sur son sol et entièrement à ses frais, un mur séparatif dont il a par conséquent la propriété

---

1. LOCRÉ, *Législ.*, VIII, p. 344 et 345.
2. POTHIER, *De la Société*, n. 221 et 223.

exclusive, puisse forcer son voisin à en acquérir la
mitoyenneté et à lui payer ainsi la moitié de ses dépenses ? — La négative était enseignée par Pothier, et
c'est encore, à notre avis, la solution qu'il faut adopter.
Ce propriétaire, en effet, a eu la direction des travaux ;
il a pu construire le mur à son goût, avec des ouvriers
et des matériaux de son choix ; — la combinaison serait vraiment trop aisée, s'il pouvait ensuite forcer le
voisin à lui rembourser la moitié de ses dépenses, et
à lui payer la moitié du sol qu'il a fourni, alors que
celui-ci aurait peut-être préféré fournir son terrain et
ses matériaux. Sans doute, en démolissant ce mur, il
arriverait à forcer son voisin à en construire un autre
à frais communs, et par suite, il peut paraître étrange
qu'il ne puisse, dès maintenant, le contraindre à lui
rembourser la moitié des frais que lui a coûtés la
construction du mur. Mais il suffit de remarquer que
l'article 663 ne vise aucunement cette espèce. Il autorise seulement chacun des voisins à contraindre
l'autre à construire en commun un mur de clôture,
mais il ne permet pas de le forcer à acheter la mitoyenneté d'une construction déjà faite. Or, comme
ce texte renferme une disposition exceptionnelle, on
ne saurait l'étendre à une hypothèse qu'il ne prévoit
pas ; l'interprétation restrictive s'impose. — En agis-
sant comme il l'a fait, le constructeur est au surplus
censé avoir renoncé au droit qu'il avait de forcer son
voisin à concourir aux frais. Il y a lieu seulement
d'appliquer à ce cas, l'article 661 du Code civil, en
vertu duquel le voisin a, non pas l'obligation d'acquérir la mitoyenneté du mur en totalité, mais sim-
plement la faculté de l'acquérir en tout ou en partie,

en payant la moitié de ce mur et du terrain sur lequel il est construit[1].

Avant d'en finir avec la clôture forcée, notons que cette faculté de l'article 663 est imprescriptible en vertu de l'article 2232 du Code civil. Elle ne peut, d'ailleurs, s'exercer qu'autant que les héritages sont contigus. La Cour de cassation l'a jugé ainsi dans un arrêt de rejet rendu le 1er juillet 1857, déclarant qu'un propriétaire ne pouvait forcer son voisin à contribuer aux frais de la clôture quand les deux propriétés sont séparées par une sente commune [2].

---

1. En ce sens *Cour de Belgique,* 5 novembre 1885, S. 1886, 4, 19; LAURENT, t. VII, n° 503; — AUBRY et RAU, II, § 200; TOULLIER, t. III, n° 164.

En sens contraire, DURANTON, t. V, n° 323; DELVINCOURT, t. I, p. 158.

2. DALLOZ, 1857, 1, 400.

CHAPITRE II

I. — Cession volontaire.

La mitoyenneté est une copropriété; elle peut, dès lors, être cédée librement par le maître du mur, en vertu de l'un des modes de transmission qui s'appliquent à la propriété ordinaire, modes à titre onéreux et modes à titre gratuit.

La cession résultera valablement d'une vente, d'un échange, d'une donation, d'un testament, etc... Seules l'occupation et l'accession ne peuvent, par leur nature, intervenir.

Nous n'insisterons pas sur cette application du droit commun. Mais le législateur ne s'est pas contenté d'appliquer le droit commun à cette matière ; il est allé, pour favoriser l'établissement de la mitoyenneté, jusqu'à apporter une véritable dérogation aux principes qui régissent la propriété ordinaire. D'après l'article 545

en effet, « nul ne peut être contraint de céder sa propriété, si ce n'est pour cause d'utilité publique et
moyennant une juste et préalable indemnité. » Ici, le
propriétaire exclusif d'un mur situé sur la limite
extrême de son fonds, peut être contraint par son voisin de lui en céder la mitoyenneté.

C'est cette dérogation que nous allons étudier.

II. — De la Cession forcée.

L'article 661 s'exprime ainsi : « Tout propriétaire
joignant un mur, a de même la faculté de le rendre
mitoyen en tout ou en partie, en remboursant au
maître du mur la moitié de sa valeur, ou la moitié
de la valeur de la portion qu'il veut rendre mitoyenne
et moitié de la valeur du sol sur lequel le mur est
bâti. »

Cette restriction au droit de propriété, inconnue en
droit romain, était admise dans certaines contrées de
notre ancienne France. L'article 661 n'a même fait que
reproduire, en l'étendant, l'article 194 de la Coutume
de Paris. Cet article disait : « si aucun veut bâtir
contre un mur non mitoyen, faire le peut en payant la
moitié. » D'après cette Coutume, on le voit, la faculté
d'exiger la cession était subordonnée à une condition,
celle de bâtir. Notre article 661 n'a pas été rédigé
dans ces termes restrictifs, aussi faut-il conclure
que la faculté qu'il accorde est générale et absolue[1].
Donc le voisin n'a pas besoin d'indiquer au maître du
mur pour quel motif et dans quel but il acquiert la

1. La doctrine et la jurisprudence sont en ce sens.

mitoyenneté ; il peut exiger la cession sans avoir intention de bâtir contre le mur et dans le seul but de faire supprimer des jours de souffrance qui ouvrent sur son héritage. Le Tribunal de la Seine[1], dans un jugement du 10 novembre 1888 a décidé que c'était le droit du voisin de se borner, en ce cas, à acquérir la partie du mur dans laquelle sont percés les jours dont il veut obtenir la suppression. La jurisprudence suivie sur la Coutume de Paris avait du reste fini par étendre à cette hypothèse, la faculté d'acquérir la mitoyenneté et Goupy, le commentateur de Desgodets, sur l'article 199 de cette coutume, justifiait l'extension en ces termes : « Les vues, disait-il, produisent sur l'héritage du voisin un aspect très désagréable ; lorsqu'elles sont répétées, il semble que l'on soit voisin d'une prison. L'intérieur de la cour d'une maison pourrait être quelquefois décoré proprement, on en est souvent empêché par ces sortes de vues qui en couperaient les décorations. »

Au lieu d'être toujours profitable au maître du mur, comme on l'a prétendu, la cession forcée peut donc parfois lui causer un préjudice assez grave. Outre, en effet, qu'il ne pourra plus se servir du mur exclusivement pour ses besoins personnels, il sera encore obligé de boucher les jours qu'il y avait fait ouvrir. Aussi ne saurait-on chercher dans un motif d'intérêt privé la justification de ce droit exorbitant que l'article 661 accorde au voisin. Il faut s'élever plus haut, et dire que seul l'intérêt public a pu lui donner naissance. Ce qui le prouve, c'est que l'article 545 auquel il dé-

1. *Gazette du Palais*, 1889, 1, 122.

roge gravement, renferme lui-même une disposition
d'ordre public ; — or, on le comprend, il n'y a que
l'intérêt général qui puisse motiver une exception
à un principe d'ordre public. En permettant au voisin
de se faire céder la mitoyenneté, le législateur a voulu
éviter les pertes de terrains et la construction de murs
inutiles, et c'est là un motif d'intérêt général, car, dit
Demolombe, « la société tout entière est intéressée
à ce que la dépense des capitaux et des terrains ne
soit pas doublée en pure perte[1]. » Telle est la véritable raison d'être de l'article 661 ; il est basé sur
l'ordre public, comme l'article 663. Aussi sommes-nous
d'accord avec la doctrine et la jurisprudence pour
reconnaître à celui qui a abandonné la mitoyenneté,
le droit de la recouvrer en exigeant la cession. Mais
nous ne nous arrêtons pas là ; nous croyons même
qu'en principe, il n'est pas possible de renoncer à la
disposition de l'article 661. Une telle renonciation
serait nulle à notre avis, et ne lierait pas celui qui
l'aurait faite. Il n'y a pas de différence, en effet, entre
renoncer à la mitoyenneté acquise, et renoncer au
droit d'acquérir la mitoyenneté. Dans les deux cas,
c'est renoncer à une disposition d'ordre public ; la
renonciation et l'abandon doivent alors être traités de
la même manière, c'est-à-dire être considérés comme
nuls et non avenus. — Hâtons-nous, toutefois, d'apporter un tempérament à cette solution, et faisons
remarquer que la renonciation ne serait nulle que si
elle émanait d'un voisin qui a le droit de bâtir.
L'article 661, en effet, n'est d'ordre public qu'au

1. DEMOLOMBE, t. XI, n° 313.

regard du voisin qui veut bâtir, en ce sens qu'il le dispense de construire un mur inutile. Dès lors, si ce voisin a renoncé au droit de bâtir, ou s'il se trouve par suite de l'existence d'une servitude dans l'impossibilité de construire, le motif d'ordre public sur lequel est basé cet article disparaît. La faculté d'exiger la cession n'aurait plus alors pour effet que de servir des intérêts privés, et par suite la renonciation est valable[1].

La majorité de la doctrine et la jurisprudence [2] admettent au contraire qu'une telle renonciation est efficace en toute hypothèse ; mais c'est là un manque de logique dès lors que l'on reconnaît la nullité de l'abandon qu'aurait fait de son droit un copropriétaire mitoyen. Encore une fois, il n'y a pas de différence entre renoncer à la mitoyenneté et renoncer au droit de l'acquérir. L'abandon implique nécessairement cette renonciation.

De ce que l'article 661 est basé sur l'intérêt général, on peut encore tirer cette conséquence que le propriétaire du mur ne saurait opposer aucune prescription au voisin qui, en vertu de cet article, lui en réclame la mitoyenneté. On ne prescrit pas en effet contre l'ordre public. L'exercice du droit d'exiger la cession ne constitue d'ailleurs qu'un acte de pure faculté qui, aux termes de l'article 2232 du Code civil « ne fonde ni possession ni prescription ».

---

1. LAURENT, t. VII, n° 506.
2. AUBRY et RAU, t. II, § 222, p. 433. — Caen, 31 janvier, 1877, DALLOZ, 1877, 2, 91.

A) A QUELLES CONDITIONS PEUT-ON FORCER LE PROPRIÉTAIRE
D'UN MUR A EN CÉDER LA MITOYENNETÉ

Il faut, aux termes de l'article 661, être propriétaire
du terrain joignant le mur et rembourser au maître du
mur la moitié de sa valeur ou la moitié de la valeur
de la portion que l'on veut rendre mitoyenne , et
moitié de la valeur du sol sur lequel il est bâti. Examinons successivement chacune de ces conditions.

1) Il faut être propriétaire du terrain voisin du mur.

L'article 661 le dit formellement, et comme ce texte
déroge à un principe de droit commun, nous nous gar-
derons bien de l'étendre. C'est pourquoi nous refusons
au locataire le droit d'user de la faculté qu'il accorde.
La jurisprudence est aussi en ce sens et dans un arrêt
du 27 juin 1892 la Cour de cassation a jugé que le
fait par le locataire d'un terrain d'élever sur ce terrain
des constructions le long d'un mur contigu, n'a pas
pour effet de faire acquérir soit à lui-même, soit à son
bailleur la mitoyenneté de ce mur. Il en est ainsi surtout, lorsque le locataire qui a ainsi élevé les constructions, a agi exclusivement pour son propre compte,
sans aucun mandat de son bailleur, le bail fait avec
ce dernier déclarant que le preneur ne pourra construire qu'à ses risques et périls vis-à-vis des voisins et
devra, ayant reçu en location un terrain nu, le rendre
tel et nivelé [1]. — Cet arrêt est juridique, car, ainsi que
le fait remarquer Laurent, le locataire est un simple

1. D., 1892, 1, 379.

détenteur sans qualité pour agir au nom du bailleur, et celui-ci ne peut pas devenir propriétaire malgré lui[1].

Que décider à l'égard du possesseur, de l'usufruitier, de l'usager, de l'emphytéote ? Notre réponse sera la même : ils ne sont pas propriétaires, et par suite, ils ne peuvent se prévaloir d'un droit qui, aux termes de la loi, n'est réservé qu'au propriétaire.

Toutefois, si le locataire, l'usufruitier, etc. avaient reçu du propriétaire un mandat formel, ils acquerraient selon nous, pour son compte, la mitoyenneté du mur.

2) *Il faut que le terrain joigne le mur.*

Cette condition, comme la précédente, est requise par le texte lui-même. Pour que l'article 661 s'applique, il faut la contiguité entre les deux héritages.

Pas de difficulté quand le terrain laissé au-delà du mur par le propriétaire constructeur présente pour celui-ci une certaine utilité, par exemple : pour le dépôt des matériaux destinés aux réparations, pour le passage des ouvriers, etc. ; dans ce cas le voisin ne peut évidemment acquérir la mitoyenneté. Tout le monde est d'accord sur ce point.

Mais que décider si le propriétaire a laissé en dehors de son mur une bande de terre tellement étroite qu'elle ne saurait lui être d'aucune utilité ? Le voisin ne pourrait-il pas alors obtenir la cession de la mitoyenneté, malgré le refus du propriétaire du mur de traiter à l'amiable, en payant la valeur du terrain intermédiaire ?

Beaucoup d'auteurs, se basant sur ce que l'article

____

1. LAURENT, t. VII, n° 514.

661 doit être interprété dans un sens raisonnable, plutôt d'après son esprit que d'après son texte, soutiennent cette opinion [1].

Nous ne regardons pas ce système comme admissible. Les termes de l'article 661 sont en effet très clairs et ce texte doit recevoir une interprétation restrictive à cause du caractère exorbitant de sa disposition. Les deux conditions complémentaires qu'il énonce, paiement de la moitié du mur et de la moitié du sol sur lequel il a été bâti, prouvent d'ailleurs assez nettement que le législateur n'a pas eu en vue l'hypothèse qui nous occupe [2].

D'ailleurs, en ne respectant pas les termes de la loi, on arriverait fatalement à l'arbitraire.

Avec la Cour de cassation, nous dirons donc qu'il n'appartient pas aux juges de rechercher si cet espace de terrain peut être de quelque utilité au propriétaire du mur, ou si c'est par vexation et sans intérêt que ce dernier se refuse à la cession [3]. La mitoyenneté ne peut être acquise contre son gré.

3) *Il faut qu'il s'agisse d'un mur.*

C'est encore l'article 661 qui le décide ainsi : « Tout propriétaire joignant *un mur* ». Pour rester fidèle au principe de l'interprétation restrictive, nous écartons l'application de cet article, quand il s'agit de toute autre clôture.

1. Demolombe, t. XI, n° 354 ; Laurent, t. VII, n° 507 ; Marcadé sur l'article 661.
2. Bordeaux, 3 janvier 1888, D. 88, 2, 320.
3. Cass. 26 mars 1862, D. 62, 1, 175 ; Demante, t. II n° 515 ; Aubry et Rau, t. II, § 222 texte et note 50.

Relativement aux haies et fossés, nous avons d'ailleurs un texte formel, l'article 668 qui déclare « que le voisin dont l'héritage joint un fossé ou une haie non mitoyens, ne peut contraindre le propriétaire de ce fossé ou de cette haie à lui céder la mitoyenneté ». — Même solution quant aux treillages, clôtures en planches, en un mot quant à toutes les clôtures qui ne sont pas des murs ; le propriétaire est fondé à en refuser la mitoyenneté au voisin. Ainsi l'ont décidé la Cour de cassation et la Cour de Caen[1].

Mais en raison des termes absolus de l'article 661, le bénéfice qu'il accorde doit s'étendre à tous les murs qui sont dans le commerce, sans qu'il y ait à distinguer s'ils soutiennent un bâtiment ou s'ils servent seulement de clôture.

On ne doit pas non plus avoir égard à leur situation ni à leur mode de construction. Peu importe qu'ils se trouvent à la ville ou à la campagne, ou que, à cause de leur faible épaisseur, ils ne puissent supporter les ouvrages dont parlent les articles 657 et 662. Dès lors que ce sont des murs et qu'ils joignent immédiatement et sans *moien*, comme disaient nos anciens auteurs, l'héritage du voisin, celui-ci est fondé à en acquérir la mitoyenneté.

Nous avons cependant laissé entrevoir qu'il y avait une exception à cette règle générale ; cette exception la voici : les murs qui font partie du domaine public ne sont pas soumis à l'article 661 C. c.

Cette exception, sans doute, n'est pas écrite dans le texte, mais elle résulte clairement de l'application des

1. Cass., 15 déc. 1857, D. 58, 1, 56 ; Caen 31 janvier 1877, D. 77, 2, 91.

principes généraux de notre droit. De tels murs, en effet, sont hors du commerce, c'est-à-dire ne sont pas susceptibles de propriété privée. Or, qu'est-ce que la mitoyenneté ? C'est, nous l'avons dit, une copropriété portant à la fois sur toutes les molécules qui composent la chose commune. Si elle était admise en pareil cas, il en résulterait que le même mur ferait en même temps partie du domaine privé et du domaine public, qu'il serait tout ensemble aliénable et inaliénable, dans le commerce et hors du commerce — C'est impossible. Dès lors, nous croyons que non seulement les murs dépendant d'édifices publics ne peuvent être rendus mitoyens par le voisin, mais encore que la cession de mitoyenneté ne peut davantage être exigée, dans l'intérêt d'une propriété publique, à l'égard d'un mur dépendant d'une propriété privée. La raison de décider est la même dans les deux cas. Cette dernière solution a cependant été rejetée par un jugement du Tribunal de Lyon rendu le 24 janvier 1866[1].

Cette question, qui dépend surtout du droit administratif, a donné naissance à de nombreux arrêts. Ainsi il a été jugé notamment que l'on ne peut réclamer la mitoyenneté d'un mur qui fait partie d'une église[2], d'un cimetière[3], ni celle d'un mur de clôture d'une place publique[4], d'un arsenal[5].

Il a été décidé au contraire que le mur d'un hôtel de

1. DALLOZ 1867, 3, 45.
2. Cass., 5 mai 1838 ; D. *Rép. Servitudes*, n° 415.
3. Lyon, DALLOZ, 1867, 3, 45.
4. Cass. 16 juin 1856 ; D. 56, 2, 210 ; Bordeaux, 5 avril 1870, D. 71, 2, 55.
5. Douai, 21 août 1865 ; D. 66, 5, 434.

préfecture [1] ou d'un presbytère [2] était susceptible de propriété privée et que par suite le voisin pouvait en exiger la mitoyenneté.

L'exception ne saurait évidemment être maintenue au cas où la destination de l'immeuble dont le mur fait partie, viendrait à changer ; dans ce cas, l'état nouveau servirait de base pour l'exercice des droits d'acquisition de mitoyenneté.

A part cette exception relative aux murs dépendant du domaine public, exception d'ailleurs ne figurant pas dans son texte, l'article 661 est absolu. — Celui dont la propriété joint un mur peut user de la faculté que lui accorde cet article quand bon lui semble et dans la mesure qu'il juge convenable. Il a le choix, selon son intérêt, de rendre le mur mitoyen dans sa totalité ou seulement en partie, sans que le propriétaire du mur qui ne peut le contraindre à user de ce droit quand il ne le veut pas, puisse, quand il en use, opposer à sa demande aucune fin de non-recevoir.

Alors même que le propriétaire aurait manifesté l'intention de démolir le mur, et que cette intention serait connue du voisin, celui-ci pourrait, tant que la démolition n'a pas été commencée, le forcer à lui céder la mitoyenneté du mur et l'empêcher par suite d'exécuter son projet. Cour de Paris, arrêt du 18 février 1854 [3].

Alors même que le terrain se trouverait grevé de servitudes au profit du mur, par ex. : servitude de vue, servitude *non ædificandi*, le voisin pourrait encore

---

1. Paris, 18 janvier 1854, D. 54, 2, 178.
2. SIREY, 1869, 2, 186.
3. D. 1854, 2, 178.

user du bénéfice de l'article 661. Devenu propriétaire mitoyen, il devra sans doute respecter ces servitudes, mais cela ne l'empêchera pas de retirer de son acquisition certains avantages, car il aura le droit de faire tous actes qui ne portent pas atteinte à leur exercice. Il n'y a qu'un cas où l'existence d'une servitude doit être considérée comme un véritable obstacle à l'acquisition de la mitoyenneté, c'est lorsque son exercice est absolument incompatible avec les droits que conférerait cette acquisition[1]. Comment savoir si cette incompatibilité existe ? C'est là une question de fait laissée à l'appréciation souveraine des tribunaux[2].

Quant à la renonciation qu'aurait faite le voisin à la disposition de l'article 661, nous avons vu qu'elle était nulle en principe, comme se rapportant à une disposition d'ordre public. Elle ne peut donc lui être opposée du chef du propriétaire du mur.

Nous nous sommes également expliqués précédemment au sujet de la prescription ; elle ne s'applique pas à cette matière.

Ceci dit, examinons les conditions du paiement.

4) *Il faut « rembourser au maître du mur la moitié de sa valeur, ou moitié de la valeur de la portion que l'on veut rendre mitoyenne et moitié de la valeur du sol sur lequel il est bâti. »*

a) L'indemnité à payer est donc double. Une partie doit représenter la valeur du mur ; une partie, la valeur du sol.

1. Cass., 13 janvier 1879, D. 79, 1, 118.
2. Cass., 6 avril 1875, D. 76, 1, 88.

1. *Valeur du mur*. — Cette valeur doit s'apprécier en tenant compte des qualités actuelles de bonne construction et de solidité du mur, de son état plus ou moins avancé de vétusté, de ses dégradations. Ce qu'il faut payer, en un mot, c'est la valeur réelle du mur au moment de l'acquisition, car, en définitive il s'agit là d'une vente ; or, dit Pothier, le prix d'une chose que l'on vend, est celui qu'elle vaut au temps où on la vend[1]. Il faut donc prendre en considération tout ce qui peut servir à déterminer cette valeur. C'est ainsi notamment que si le mur n'est rendu mitoyen que jusqu'à une certaine hauteur, il faudra dans l'estimation de la partie acquise, tenir compte de cette circonstance que l'excédent de hauteur reste la propriété exclusive du cédant. Ce sera là, en effet, une surcharge pour la partie rendue mitoyenne, surcharge qui aura comme résultat de rendre plus fréquentes les réparations à faire à cette partie. Le cessionnaire sera dès lors en droit de demander, à raison de cette situation, une déduction sur l'estimation de la valeur réelle[2].

De même si le mur est mauvais au point que sa reconstruction est indispensable, le prix ne comprendra que la valeur des matériaux dont il se compose.

Que décider dans l'hypothèse où le mur dont le voisin veut acquérir la mitoyenneté, a été construit en pierres de taille, alors qu'un mur en moellons aurait suffi à sa destination ou à l'usage qu'en veut faire l'acquéreur ? Que faut-il payer; la valeur de ce mur, ou la valeur d'un mur en moellons ?

1. POTHIER, *De la Société*, n° 254.
2. Arrêt de Montpellier, 8 mars 1876. S. 77, 2, 177.

Cette question qui s'était déjà posée dans notre ancien droit, a encore été discutée sous l'empire de notre Code. A nos yeux, la solution n'est pas douteuse. Le mur doit être payé tel qu'il est, sans qu'il y ait lieu de distinguer, comme l'ont fait certains auteurs[1], s'il est situé à la ville ou à la campagne. L'article 661 est en effet le seul texte qui règle cette condition du paiement ; or, il dispose, sans faire aucune distinction, que l'acquéreur doit payer « la moitié de la valeur du mur ou la moitié de la valeur de la portion qu'il veut rendre mitoyenne. »

Il est du reste de toute justice que celui qui achète un mur, doit payer ce qu'il achète, et non pas dans notre espèce, la valeur d'un mur en moellons qui n'existe pas et qu'il n'acquiert pas. S'il paie plus cher, la bonne qualité des matériaux employés donnera aussi plus de solidité au mur, qui par là même nécessitera moins souvent des réparations. D'ailleurs il n'a, si le prix lui semble trop élevé, qu'à construire lui-même un mur, à sa convenance et à ses frais[2].

Les fondations faisant partie intégrante du mur et servant puissamment à sa solidité, il faut évidemment en tenir compte pour arriver à connaître la valeur du mur. Alors même que le voisin n'achèterait la mitoyenneté du mur que dans une partie de sa hauteur, il devrait néanmoins payer la moitié de la valeur du mur à partir de ses fondements. Le cédant ne saurait en effet être obligé de supporter sur la partie inférieure qui lui resterait propre, la partie supérieure qui deviendrait seule mitoyenne.

1. PARDESSUS, t. I, n° 155.
2. Arrêt d'Aix 22 novembre 1866, SIREY, 1867, 2. 264.

En résumé, que l'ouvrage ait coûté peu ou beaucoup au propriétaire, c'est toujours sa valeur, au moment où le voisin use de la faculté d'acquérir la mitoyenneté, qui sert de base à la fixation du prix.

2. *Valeur du sol.* — Cette valeur, comme celle du mur, doit s'apprécier au moment de l'acquisition de la mitoyenneté. Elle constitue le second élément de l'indemnité que le cessionnaire est obligé de verser au propriétaire du mur.

L'article 661 ne faisant aucune distinction, nous concluons de ses termes absolus, que le prix du sol devra toujours être remboursé, aussi bien par celui qui acquiert la mitoyenneté pour partie que par celui qui l'achète pour le tout. Cette obligation pèse également sur l'ancien copropriétaire qui, après avoir abandonné ses droits au mur, veut ensuite user de la faculté qu'il a de les recouvrer. Par suite de l'abandon, en effet, il a perdu définitivement la propriété du mur et du sol ; il se trouve donc dans la situation d'un acquéreur ordinaire. Dans notre ancien droit, l'article 212 de la Coutume de Paris qui prévoyait spécialement la question, le décidait ainsi.

b) Qui fixera le montant total de l'indemnité due au propriétaire du mur en échange de la mitoyenneté par lui cédée ?

Les parties peuvent, sans aucun doute, prendre elles-mêmes à cet égard un arrangement amiable.

Mais, cet accord aura lieu rarement, et le futur acquéreur sera souvent obligé de faire sommation au propriétaire du mur, de lui céder la mitoyenneté, en faisant offre du prix qu'il juge suffisant pour l'indemniser. — Si celui-ci n'accepte pas, il faudra alors recourir à une expertise. A qui, dans ce cas, incomberont les frais nécessités par cette opération ?

Il est un cas très simple : l'expertise démontre que les offres primitives n'étaient pas suffisantes. Les dépens devront alors être supportés entièrement par l'acquéreur, puisque la cession a lieu dans son intérêt et qu'on ne peut reprocher au propriétaire du mur d'avoir, par un refus mal fondé, occasionné l'expertise. — La solution serait identique, si l'acquéreur, au lieu d'offrir un prix, demandait lui-même l'expertise ; il devrait encore en supporter les frais.

Mais que décider si le chiffre primitivement offert est validé par les experts ?

Sur ce point, les avis diffèrent.

Un premier système soutient que c'est toujours à l'acquéreur de supporter les frais de l'expertise, sans qu'il y ait lieu de distinguer si les offres sont ou non jugées suffisantes[1]. Il n'est pas raisonnable en pareil cas, dit un arrêt de la Cour de Riom du 11 juillet 1838, de mettre ces frais au compte du propriétaire du mur, lequel peut ignorer la valeur de l'objet qu'il est obligé de céder. Cette valeur, du reste, ne peut être régulièrement et valablement fixée que par une estimation des gens de l'art ; or, n'est-ce pas à l'acquéreur de payer le prix de la chose et, par conséquent, les dépens et frais nécessaires pour le déterminer ?

---

1. Limoges, 12 avril 1820, S. 1822, 2, 232 ; Riom, 11 juillet 1838, S. 39, 2, 417 ; LAURENT, t. VII, n° 513 ; DEMOLOMBE, t. XI, n° 366 ; AUBRY et RAU, t. II, § 222, note 56.

Dans une autre opinion[1] on estime au contraire que si les offres sont jugées suffisantes, les frais de l'expertise doivent rester à la charge du cédant qui, à tort, a refusé les offres. — Tel est notre sentiment : il est de règle que celui qui a refusé des offres reconnues valables, supporte les frais occasionnés par son refus. Nous tirons argument de l'article 525 du Code de procédure civile : « Si les offres contestées sont jugées suffisantes, le demandeur sera condamné aux dépens du jour des offres, » et aussi de l'article 1260 du Code civil : « Les frais des offres réelles et de la consignation sont à la charge du créancier si elles sont valables. »

Ce système nous paraît être l'interprétation exacte de la loi.

c) Le paiement exigé par l'article 661 est-il une condition *sine quâ non* de l'acquisition et doit-il avoir lieu préalablement à toute entreprise sur le mur ? En d'autres termes, n'est-ce qu'à compter du jour où il est effectué que la mitoyenneté est acquise ?

Cette question qui, à ne consulter que le texte de l'article 661, devrait être tranchée dans le sens de l'affirmative, a soulevé de nombreuses controverses dont le point de départ est la contradiction qu'une pareille solution apporterait à certains principes de notre droit.

Nous allons exposer rapidement les principales opinions.

Un système interprétant le texte à la lettre, et se basant sur les précédents historiques, notamment sur l'article 227 de la Coutume d'Orléans, retarde le

1. Paris, 19 juillet 1872, D. 76, 2, 9 ; DURANTON, t. V, p. 398.

moment de l'acquisition de la mitoyenneté, au jour du paiement, et ce, sans distinction aucune[1].

Cette thèse, à notre avis, ne peut être admise. En effet, dès qu'il y a eu contrat, il résulte des principes généraux de notre droit que si l'on peut fixer un délai pour le paiement, la mitoyenneté n'en est pas moins acquise du jour du contrat.

Une autre opinion voit dans la faculté de l'article 661 l'exercice d'une servitude légale dépendant de la seule volonté du voisin joignant le mur. Il suffit donc que le voisin manifeste sa volonté pour que l'acquisition s'opère, sans qu'il y ait à se préoccuper du maître du mur ni de l'indemnité qui peut lui être due. La mitoyenneté est acquise par le seul fait de la prise de possession du mur, car c'est là une manifestation évidente de la volonté de l'acquérir[2].

Nous ne pouvons adopter ces conclusions. Le fait d'un individu, qui, sans mot dire, appuie ses constructions sur le mur qui le joint, ne peut en effet suffire à opérer une mutation de propriété. Cette entreprise exécutée sans que le consentement du propriétaire ait été donné ou requis, ne constitue et ne saurait constituer qu'une voie de fait non susceptible d'être classée dans la catégorie des actes juridiques et de produire des effets légaux. Aussi est-ce à juste titre que la Cour de Paris, dans un arrêt du 14 janvier 1890, a décidé « que le constructeur qui utilise pour bâtir sur son terrain les murs d'une propriété contiguë sans entente préalable avec le propriétaire sur l'évaluation

1. Demolombe, t. XI, n° 367 ; Toullier, t. II, n° 195.
2. Paris, 23 janvier 1888, D. 89, 1, 321 ; — 14 juin 1888, D. 89, 2, 245.

de la mitoyenneté et le paiement du prix commet une usurpation[1]. »

Nous préférons recourir à une distinction. La solution, croyons-nous, variera suivant qu'il y aura eu ou non, relativement à la cession de la mitoyenneté, un accord de volontés entre les parties, autrement dit, un contrat ou bien une décision judiciaire en tenant lieu[2].

N'est-il intervenu entre les parties ni contrat ni décision de justice, il convient d'interpréter à la lettre l'article 661 et de décider que l'acquisition de la mitoyenneté n'aura lieu qu'au jour du paiement de l'indemnité. Jusqu'à ce moment, le propriétaire du mur reste propriétaire exclusif. Il aura dès lors contre tout détenteur l'action en revendication qui lui permettra de faire rentrer le mur dans sa possession exclusive et dont l'effet sera de supprimer tous les travaux faits par le voisin.

Que si, au contraire, il y a eu contrat ou décision de justice, la solution n'est plus la même. Il faut laisser de côté l'article 661 pour s'en tenir aux principes généraux de notre droit, et déclarer que la copropriété du mur, c'est-à-dire la mitoyenneté, est transférée du jour du contrat ou de la décision de justice. Le propriétaire du mur n'aura alors pour le paiement qu'une action personnelle contre le débiteur : son droit résultant d'un contrat n'est qu'un droit de créance portant sur le prix.

1. D. 1890, 2, 75.
2. Cass., 10 avril 1889, D. 89, 1, 321; Brésillion, note dans Dalloz, 89, 1, 321, LE COURTOIS, *France judiciaire*, 89, 1, 197; D. 92, 1, 379.

Cette distinction nous paraît rationnelle et l'article 661 ne nous semble exiger le paiement préalable pour l'acquisition de la mitoyenneté que lorsqu'il n'y a eu ni contrat, ni décision de justice. Dans cette hypothèse, en effet, la mutation de propriété ne s'opérerait pas, s'il ne l'avait pas dit ; il y a donc là une situation à régler exclusivement d'après son texte, qui impose comme condition de la mutation le paiement de l'indemnité à laquelle a droit le maître du mur. Comme il s'agit d'une véritable expropriation, ce remboursement préalable n'est que conforme à l'article 545 du Code civil.

Cette règle relative au paiement préalable ne saurait par contre être maintenue quand on est en présence d'un contrat ou d'une décision judiciaire équivalente ; elle contredirait directement ce principe de notre législation que le seul consentement des parties suffit pour opérer une translation de propriété. Ce principe s'applique aussi bien à l'égard des murs qu'à l'égard des autres biens. L'article 661 n'a pu y déroger.

La mitoyenneté est donc transmise dès que les voisins ont consenti l'un à l'acheter, l'autre à la céder ; à partir de ce moment, l'ancien maître du mur cesse d'en avoir la propriété exclusive et, par suite, ne peut plus exercer contre son copropriétaire l'action en revendication.

Quels moyens lui donne alors la loi pour se faire payer ? C'est ce que nous allons étudier en recherchant quelle est la nature juridique de la cession forcée.

B) Nature de la cession forcée de la mitoyenneté

Sans revenir sur la question de savoir à quelle époque remonte l'acquisition, nous supposons que la mitoyenneté est acquise et que le paiement n'a pas été effectué. Quelle action a le cédant pour l'obtenir ? Quelles sont ses garanties ? Cette action, ces garanties varient suivant le caractère juridique que l'on reconnaît à l'opération qui a rendu le voisin propriétaire mitoyen. Examinons donc les deux principales thèses soutenues à cet égard.

La première estime que la cession n'est pas une vente, mais un contrat synallagmatique *sui generis*, un contrat innommé. — On raisonne ainsi : Consentir, c'est tomber librement d'accord avec la personne qui demande le consentement, c'est accepter sa proposition. Or, le consentement est la condition fondamentale, *sine quâ non*, de la vente. Comme dans la cession de mitoyenneté il n'y a de consentement libre que de la part du cessionnaire, puisque le cédant ne fait qu'obéir à la règle impérative de l'article 661, cette opération n'est donc pas une vente. L'ancien maître du mur ne peut dès lors se prévaloir des garanties accordées au vendeur ; il n'est qu'un créancier ordinaire, n'ayant à sa disposition qu'une action personnelle pour se faire payer et l'action résolutoire de l'article 1184 pour lui permettre de rentrer, à défaut de paiement, dans la possession exclusive de son mur[1]. Il n'a pas le privilège du vendeur.

1. En outre d'une action personnelle contre le débiteur, certains arrêts ont cependant reconnu au cédant pour obtenir le paiement

Nous préférons nous rallier à la seconde opinion, d'après laquelle la cession forcée de la mitoyenneté n'est pas autre chose qu'une véritable vente. Que résulte-t-il en effet de cette opération ? Une transmission de propriété immobilière à titre onéreux : le cédant se dépouille d'une partie de ses droits sur le mur au profit du voisin qui, en échange, lui verse une somme d'argent. Or, quiconque se dépouille d'un bien moyennant sa valeur est un vendeur (art. 1582 Code civil).

Les partisans de la première thèse objectent bien sans doute, à l'encontre de cette théorie, que le consentement du cédant fait défaut, ou tout au moins qu'il n'est pas libre et que par suite on ne saurait voir une vente dans la cession.

Mais cet argument n'a aucune force à nos yeux, car, dans notre droit, à côté des ventes volontaires il y a les ventes forcées, par exemple les ventes sur saisie. Dans ces sortes d'aliénation pourtant, le consentement du vendeur, c'est-à-dire du saisi, fait défaut et néanmoins tout le monde est d'accord pour considérer l'opération comme une véritable vente.

du prix de la mitoyenneté, une action réelle contre les tiers acquéreurs. Le tribunal civil de la Seine a essayé de légitimer cette action réelle en disant : « que l'obligation de somme d'argent résultant de la cession est attachée activement et passivement aux héritages qu'elle concerne ; qu'elle les suit, en conséquence, en quelques mains qu'ils passent » (Tribunal de la Seine 25 février 1885, D. 85, 3, 54.)
Nous ne nous arrêterons pas à la discussion de cette théorie, qui nous semble absolument contraire aux principes. Observons seulement avec M. Brésillion que « le texte de l'article 661 ne se prête en aucune façon à une interprétation qui transforme en une charge réelle pesant directement sur l'immeuble au profit duquel la mitoyenneté a été acquise, une créance de somme d'argent qui par sa nature n'est et ne peut être que personnelle comme toute créance portant sur une chose de quantité » (BRÉSILLION, note dans DALLOZ, 1889, 1, 323.)

Cette doctrine était d'ailleurs celle de notre ancien droit. Depuis Jacques d'Ableiges, bailli d'Évreux et auteur du Grand Coutumier de Charles VI, jusqu'à Pothier, la cession de mitoyenneté, en effet, a toujours été appelée vente, et c'est là encore, le caractère que lui reconnaissent la plupart des auteurs modernes[1].

Nous pouvons même ajouter que plusieurs arrêts ont été rendus en ce sens (Seine 8 février 1880, S. 1881, 2, 23 ; Seine 6 janvier 1885 ; Droit 6 janvier 1885 ; — Seine 16 mars 1887 ; *Gazette des Tribunaux*, 30 mars 1887 ; — Lyon 10 juillet 1887 ; *Gazette des Tribunaux* 27 octobre 1887).

La cession de mitoyenneté est donc une vente, libre ou forcée, selon que le consentement est spontané ou imposé par la loi ; — dès lors, le paiement du prix est assuré au cédant, par tous les moyens de protection accordés au vendeur non payé, à savoir le droit de rétention, le privilège et l'action en résolution.

Le droit de rétention, dans notre matière, aura pour effet de permettre à l'ancien maître du mur de s'opposer à l'exécution de tous travaux sur le mur, tant qu'il n'y aura pas eu paiement de la part du cessionnaire, ou consignation de la somme représentant le prix. Cette doctrine a été consacrée par un jugement du tribunal civil de la Seine du 22 janvier 1886[2]. — Mais ce droit, aux termes de l'article 1612 (Code civil) ne pourra être invoqué par le vendeur que s'il n'a pas suivi la foi de l'acheteur en lui accordant un terme pour le paiement.

---

1. DELVINCOURT, t. 1, p. 597 ; DURANTON, t. V, n°ˢ 321 et 328 ; MARCADÉ sur l'article 661 ; LAURENT, t. VII p. 591 ; PINVERT, *Gazette du Palais*, 30 novembre 1888.
2. Droit, 28 mars 1886.

L'action résolutoire donnée au cédant par l'article 1654 lui permet, à défaut de paiement, de faire résoudre la cession et de redevenir ainsi propriétaire exclusif du mur; il peut alors forcer le voisin à démolir les ouvrages qu'il y avait adossés. Celui-ci n'a qu'un moyen de se soustraire à cette conséquence rigoureuse, c'est de payer. Démolir ou réacquérir la mitoyenneté en payant, telle est l'alternative qui s'impose au constructeur ou au tiers acquéreur, une fois la résolution prononcée : *resoluto jure dantis, resolvitur jus accipientis.*

Cette action, toutefois, ne peut être exercée après l'extinction du privilège du vendeur, au préjudice des tiers qui ont acquis des droits sur l'immeuble du chef de l'acquéreur, et qui se sont conformés aux lois pour les conserver. Ainsi l'a décidé l'article 7 de la loi du 23 mars 1855.

Enfin, au moyen du privilège, le maître du mur peut poursuivre la revente de la mitoyenneté non payée, et sur le produit de cette revente, toucher par préférence l'indemnité qui lui est due. — On a contesté au cédant ce privilège, en disant que l'on ne peut concevoir la saisie et la vente aux enchères d'une copropriété qui ne peut appartenir qu'au débiteur ou au tiers détenteur saisi[1].

Écartons cette objection pour le cas où le mur est resté dans le patrimoine du cessionnaire. Le cédant étant en effet créancier personnel, a pour gage tous les biens de son débiteur; il peut donc faire procéder à la saisie de l'immeuble auquel est incorporé le mur, et exercer son privilège, après ventilation, sur la partie du prix qui correspond à la mitoyenneté[2].

1. Cour de Paris, 14 juin 1888, DALLOZ, 89, 2, 245.
2. Bordeaux, 21 avril 1890, D. 92, 2, 432.

Alors même que le mur mitoyen aurait été revendu
par le cessionnaire avec l'héritage auquel il était incorporé, il nous semble encore inexact de soutenir que
l'exercice du privilège est impossible en toute hypothèse. Sans doute, à raison de l'indivisibilité qui existe
entre l'immeuble et le mur, le cédant, qui n'est pas
créancier du tiers détenteur et dont le privilège porte
seulement sur le mur, n'aura pas le pouvoir d'en
poursuivre l'expropriation, mais ce que lui ne peut pas
faire, d'autres le pourront : il est possible par exemple,
que la vente de l'immeuble soit provoquée par un
créancier hypothécaire du cessionnaire primitif, et alors,
le maître du mur, créancier du prix de la mitoyenneté,
aura la faculté d'user de son droit de préférence à
l'égard de la somme correspondant à ce prix. — Or,
c'est là ce qui caractérise le droit de suite envisagé
dans son but final, « Quand il s'agit d'arriver à un
paiement contre un tiers détenteur, dit M. Brésillion,
ce qui caractérise le droit de suite envisagé dans son
but final, ce n'est pas le pouvoir d'exproprier ce tiers
détenteur, c'est l'exercice du droit de préférence sur
un prix réalisé par ou contre lui. Il est donc indifférent
que la réalisation en ait eu lieu au moyen d'une revente
volontaire ou forcée[1]. »

Même dans cette hypothèse, on le voit, le privilège
continue d'avoir pour le cédant une grande utilité, —
seulement, ce privilège, il ne peut l'exercer que dans
les conditions où un vendeur ordinaire pourrait l'exercer, c'est-à-dire à charge de le conserver au moyen
des formalités imposées par la loi à cet effet. En quoi

1. Brésillion, note dans Dalloz, 1889, 1, 330.

consistent ces formalités ? Dans la nécessité de faire transcrire, au bureau du conservateur des hypothèques, le titre qui a transféré la propriété à l'acquéreur et qui constate que le prix est dû en tout ou en partie (Art. 2108 Code civil).

Mais, a-t-on dit, puisque pour transcrire, il faut avoir un acte, un titre dont copie puisse être faite sur le registre du conservateur, — il y aura impossibilité d'opérer la transcription, toutes les fois qu'il ne sera pas intervenu entre les parties de convention ou de sentence judiciaire, et par suite, le cédant ne pourra exercer son privilège.

Cette objection, qu'il nous suffise de le faire remarquer, ne s'adresse qu'aux partisans de la théorie d'après laquelle le seul fait de l'utilisation du mur suffit pour en faire acquérir la mitoyenneté au voisin ; mais elle ne porte pas, si l'on admet la thèse que nous avons soutenue sur la fixation de l'époque à partir de laquelle s'opère la cession. Le mur, en effet, avons-nous dit, ne devient mitoyen que du jour où intervient entre les parties, soit une convention, soit une sentence judiciaire ; — par conséquent, le cédant aura en toute hypothèse, un acte à faire transcrire, ce sera cette convention ou cette sentence judiciaire.

Notre conclusion est donc, que rien ne s'oppose en définitive, à ce que le cédant de la mitoyenneté puisse user du privilège du vendeur pour obtenir le paiement de l'indemnité qui lui est due. Mais pour qu'il en soit ainsi, il faut, à notre avis, que le montant de cette indemnité ait été réglé entre les parties par un contrat ou une décision judiciaire équivalente. Dans ce même cas, le maître du mur aurait en outre, à sa disposition, ainsi que nous l'avons dit, l'action en paiement, le droit de rétention et l'action résolutoire du vendeur.

Si au contraire, il n'est intervenu ni contrat, ni décision judiciaire, l'emprise non suivie de paiement exercée sur le mur par le voisin, ne lui en fait pas acquérir la mitoyenneté ; le mur reste la propriété exclusive de son maître primitif. Celui-ci, dès lors, a l'action en revendication contre le constructeur originaire et contre tout tiers détenteur afin d'obtenir la restitution de son mur libre de tous travaux.

C) EFFETS DE LA CESSION FORCÉE DE LA MITOYENNETÉ.

La question qui se pose est celle de savoir si le voisin qui a acquis la mitoyenneté peut faire supprimer les jours, les fenêtres et autres ouvrages quelconques que le propriétaire exclusif du mur y aurait pratiqués.

Pour la résoudre il importe tout d'abord de faire une distinction suivant que ces ouvrages ont été établis par le maître du mur outrepassant ou non ses droits de propriétaire.

Première hypothèse. — Le propriétaire du mur a pratiqué des vues ou des fenêtres ouvrantes.

Alors de deux choses l'une : ou bien le maître du mur n'a pas acquis ce droit soit par titre, soit par destination du père de famille, soit par prescription, et le cessionnaire peut les lui faire supprimer, puisqu'il le pouvait même avant d'acquérir la mitoyenneté.

Ou bien, au contraire, l'ancien propriétaire exclusif du mur, a un droit acquis à cette servitude de vue, et dans ce cas, le voisin ne peut pas, en acquérant la mitoyenneté, lui porter atteinte. Il prend le mur dans l'état juridique où il se trouve, avec ses servitudes actives et passives, conformément au principe général que l'accessoire suit le principal, que la servitude accompagne le fonds. Étant du reste propriétaire du fonds débiteur de la servitude, ce voisin, aux termes de l'article 701 (Code civil), ne peut rien faire qui tende à en diminuer l'usage, — il ne peut donc, à plus forte raison, la détruire par son fait[1].

Seconde hypothèse. — Les ouvrages ont été pratiqués par le cédant *jure dominii* ; ce sont, par exemple, des jours de souffrance ouverts dans les conditions prescrites par la loi, des enfoncements ou d'autres ouvrages qu'il avait le droit de faire en sa qualité de propriétaire exclusif du mur. — Le cessionnaire peut-il en demander la suppression ?

a) Examinons d'abord la question en ce qui concerne les enfoncements et ouvrages autres que des jours. Sur ce point, plusieurs systèmes sont en présence.

Le premier, se basant sur ce que, à défaut de texte, la mitoyenneté ne saurait avoir d'effet rétroactif, refuse dans tous les cas, à l'acquéreur, le droit de faire supprimer ces travaux[2].

Le second, aussi absolu, mais en sens opposé, le lui accorde au contraire dans tous les cas. Pour cela, il se

1. Cass., 25 janvier 1869; Sirey, 1869, 1, 156 ; Rouen, 9 décembre 1878, S. 79, 1, 147 ; Demol., t. XI, n. 374 ; Aubry et Rau, t. II, p. 434.
2. Poitiers, 28 décembre 1841; Sirey, 42, 2, 464 ; Cass., 7 janvier 1845 ; Sir., 45, 1, 269 ; Laurent, t. VII, n° 515.

place au point de vue du but qu'a poursuivi le législateur quand il a donné au voisin la faculté d'acquérir la mitoyenneté[1].

Ces systèmes, à notre avis, sont trop absolus, et pour arriver à la vérité, il nous semble qu'il importe de faire une distinction. — La solution doit varier suivant que les ouvrages pratiqués antérieurement à l'acquisition de la mitoyenneté, sont ou non, par leur nature et leurs conséquences, incompatibles avec le caractère de la mitoyenneté. Dans le premier cas, le cessionnaire sera fondé à en exiger la suppression; dans le second, il devra les respecter.

Nous admettons bien sans doute avec les partisans du second système qui permet au voisin de faire supprimer dans tous les cas les ouvrages existants antérieurement à la cession, que l'exercice de la faculté accordée par l'article 661, a rendu le mur la copropriété de l'acquéreur et du vendeur, qui sont ainsi placés sur un pied complet d'égalité; que le voisin, en un mot, a acquis la mitoyenneté avec tous les droits qui y sont attachés par la loi; mais il nous semble trop rigoureux d'en conclure qu'il a le pouvoir d'exiger la suppression de tous les travaux sans distinction. Une pareille solution aboutirait à ce résultat choquant que les mêmes ouvrages pourraient être rétablis immédiatement après avoir été détruits. Les articles 657 et 662 en effet, permettent au propriétaire d'un mur mitoyen d'y établir des ouvrages et d'y pratiquer des enfoncements, pourvu que ces travaux ne soient pas nuisibles aux droits du voisin, et sauf aux

1. Cass., 1er juillet 1861, SIR., 62, 1, 81; — Rennes, 1er mai 1874, SIR., 74, 2, 172; Cass., Belgique, 18 octobre 1888; DALLOZ, *Supplément, Servitude,* n° 154.

experts, en cas de difficulté, le soin de concilier les intérêts divergents. Reconnaître à l'acquéreur le pouvoir de faire disparaître par sa seule volonté et sans avoir besoin de justifier d'un préjudice, des ouvrages établis lorsque le mur n'était pas encore mitoyen, ouvrages qui pourraient y être pratiqués postérieurement à la cession, — ce serait arriver à cette conclusion absurde que le propriétaire exclusif d'un mur a des droits moins étendus qu'un propriétaire mitoyen.

On a objecté sans doute, que ces ouvrages n'ont pas été établis contradictoirement, comme le prescrit l'article 662.

Mais on peut répondre que la faute en est seulement au cessionnaire ou à ses auteurs qui pouvaient, dès la construction du mur, se rendre acquéreurs de la mitoyenneté.

Du reste, l'article 662 n'exige pas nécessairement une expertise préalable ; elle peut être ordonnée postérieurement à l'exécution des travaux et comme moyen de savoir après coup, si les travaux doivent être supprimés en tant que nuisibles aux droits du voisin[1].

Conformément à cette opinion, la Cour de Bourges, dans son arrêt du 19 février 1872, a jugé que l'acquéreur de la mitoyenneté ne pouvait exiger la suppression d'enfoncements pratiqués dans le mur, notamment de cheminées dont l'établissement ne lui serait pas nuisible[2].

b) Que décider en ce qui concerne les jours ?

---

1. Cass., 20 novembre 1876.
2. Bourges, 19 février 1872 ; Sirey, 1872, 2, 222. Dans le même sens, Aubry et Rau, t. II, § 222, p. 431.

La discussion ne porte que sur le point de savoir si l'acquéreur a le droit de les supprimer alors même qu'il ne se propose pas de bâtir.

Dans notre ancien droit, certaines Coutumes, notamment la Coutume de Meaux et celle de Châlons, avaient pris le soin de trancher spécialement cette difficulté ; — elles décidaient que l'acquéreur ne pouvait les supprimer que s'il venait à bâtir.

Mais beaucoup de Coutumes, entre autres celle de Paris, étaient muettes à ce sujet ; — aussi la controverse était-elle très vive parmi les jurisconsultes. Néanmoins, comme le remarque Goupy sur l'article 199 de la Coutume de Paris, on avait admis, à la fin de notre ancien droit, tout au moins sous l'empire de cette Coutume, que le cessionnaire avait, dans tous les cas, le droit de faire boucher les jours de souffrance, qu'il vînt ou non à bâtir.

Telle est encore aujourd'hui la solution admise par la majorité de la doctrine[1].

La jurisprudence est aussi en ce sens[2] : la Cour de cassation, dans un arrêt rendu le 7 mai 1873, a jugé « que la faculté attribuée à tout propriétaire joignant un mur d'en acquérir la mitoyenneté, a pour conséquence le droit d'exiger la suppression des jours de souffrance établis dans ce mur, à quelque époque qu'ils remontent. »

Avant d'en finir avec l'étude de la cession forcée de la mitoyenneté, faisons remarquer que la disposition

1. Demolombe, t. XI, n. 370 ; — Demante, II, p. 515.
2. Cass., 3 juin 1850, Sirey, 1850, 1, 585 ; — 18 juillet 1859, Dalloz, 1859, 1, 400 ; — 7 mai 1873, Dalloz, 1874, 1, 88.

de notre article 661 a été reproduite dans la plupart
des législations étrangères, tout en subissant parfois,
cependant, certaines restrictions. Ainsi, d'après l'article
2328 du Code civil portugais, s'il y a dans le mur un
balcon, des fenêtres ou autres ouvertures que le propriétaire ait le droit d'avoir, la mitoyenneté ne peut
être acquise que du consentement de ce propriétaire. —
De même, aux termes de l'article 556 du Code civil
italien, le propriétaire d'un fonds contigu à un mur, ne
peut user de la faculté qu'il a de rendre ce mur mitoyen
en tout ou en partie, qu'à la condition de le faire
« pour toute l'étendue de sa propriété ».

CHAPITRE III

———

Nous venons de voir dans les deux chapitres qui précèdent, que la mitoyenneté existe, lorsque le mur a été construit par deux voisins à frais communs et par moitié sur le sol de chacun, ou lorsque, ayant été construit entièrement par l'un d'eux sur la limite extrême de son héritage, l'autre en a acquis la communauté à titre onéreux ou à titre gratuit.

Dans l'un et l'autre cas, la preuve de la mitoyenneté peut résulter d'un acte authentique ou sous seing privé. Mais il est rare qu'il existe un acte ; la construction du mur peut remonter à une époque très éloignée ; on n'a pas dressé d'acte ou bien l'acte est perdu. C'est pourquoi, afin de prévenir, autant que possible, les contestations entre voisins, afin de faciliter la tâche du juge, la loi a établi un certain nombre de présomptions qui toutes reposent sur cette idée que le propriétaire du mur doit être celui auquel il sert. Le mur sert-il également aux deux voisins, il est à présumer qu'il appartient à l'un et à l'autre ; — ne sert-il qu'à un seul, on doit supposer qu'il n'appartient qu'à celui-là. *Is fecit cui prodest.*

I. — Dans quels cas s'appliquent les présomptions.

Voici ce que dit l'article 653 : « Dans les villes et les campagnes tout mur servant de séparation entre bâtiments jusqu'à l'héberge ou entre cours et jardins, et même entre enclos dans les champs, est présumé mitoyen s'il n'y a titre ou marque du contraire. »

Comme il est de principe que les présomptions doivent recevoir l'interprétation restrictive, c'est-à-dire qu'elles ne peuvent être étendues au-delà des cas précis pour lesquels elles ont été établies, il importe de savoir exactement à quelles hypothèses l'article 653 applique la présomption légale de mitoyenneté.

D'après ce texte sont présumés mitoyens :

1° Les murs qui séparent deux bâtiments ;

2° Les murs qui séparent des cours et jardins ;

3° Les murs qui séparent des enclos dans les champs.

Étudions chacune de ces trois hypothèses.

A) Les murs qui séparent deux batiments sont présumés mitoyens jusqu'a l'héberge

Cette présomption s'applique non seulement lorsque les deux bâtiments ont été construits en même temps, mais encore lorsqu'ils remontent à des époques différentes. Dans le premier cas il est vraisemblable que le mur a été élevé à frais communs puisqu'il était également utile aux deux voisins ; — dans le second, il est naturel de penser que le propriétaire de la maison la plus ancienne n'aura permis à son voisin d'user de son mur, pour y appuyer des constructions, que moyennant une juste indemnité.

Quand les bâtiments sont d'égale hauteur, le mur sur lequel ils s'appuient servant également aux deux propriétaires est présumé mitoyen depuis le haut jusqu'au bas, puisque au-delà de l'héberge, c'est-à-dire au-delà du toit, il n'y a plus de mur du tout. Si on supposait, néanmoins, que le mur s'élevât au-dessus du toit de l'un et l'autre bâtiment, à qui cette surélévation devrait-elle être réputée appartenir ? Elle devrait encore être présumée mitoyenne, car elle ne sert pas plus à l'un des voisins qu'à l'autre, et à défaut de preuves, on ne peut pas dire qu'elle appartienne exclusivement à l'un d'eux.

Si les bâtiments sont inégaux, la présomption de mitoyenneté cesse pour la partie du mur qui dépasse l'héberge du bâtiment le moins élevé. Celui-là seul a dû construire qui avait intérêt à élever le mur ; et dès lors il n'y a pas lieu d'admettre la mitoyenneté. C'est ce qui résulte de l'explication donnée par Berlier au Conseil d'État : « Les murs sont mitoyens, disait-il, jusqu'au point où les deux bâtiments de hauteur inégale peuvent profiter du mur commun[1]. » — C'est, en d'autres termes, déclarer que la mitoyenneté n'a lieu que jusqu'à la hauteur du toit inférieur — La partie du mur qui dépasse la sommité des constructions les

____

1. Locré, t. VIII, p. 343.

moins hautes est réputée appartenir exclusivement au propriétaire du bâtiment le plus élevé. Il en est ainsi, même de la portion du mur qui s'élève au-dessus du toit de ce bâtiment, car elle porte directement sur une partie appartenant exclusivement à ce propriétaire. Dès lors c'est ce dernier qui est naturellement présumé l'avoir construite à ses frais, soit pour protéger son toit contre les vents, soit dans la vue d'exhausser un jour son bâtiment.

Que décider si le bâtiment inférieur a ses cheminées adossées au mur supérieur ?

Il y a présomption de mitoyenneté du mur dans les endroits où elles sont placées ; car le propriétaire de ce mur n'était pas obligé de les souffrir sans indemnité. Mais, d'un autre côté, le maître du bâtiment inférieur n'étant point obligé de rendre le mur mitoyen en totalité, il ne doit être présumé l'avoir fait que dans les parties où cela lui était nécessaire pour adosser ses cheminées.

Une difficulté s'est élevée sur le point de savoir si le mur qui sépare une construction d'une cour ou d'un jardin, doit être considéré comme mitoyen — Quelques auteurs, suivant en cela l'opinion de Pothier, enseignent que dans les lieux où la clôture est forcée, ce mur, sauf la preuve contraire, est mitoyen jusqu'à la hauteur fixée pour les murs de clôture. — Delvincourt va même plus loin ; il soutient que dans les lieux où la clôture n'est pas forcée, si le terrain non bâti est clos de tous côtés, le mur du bâtiment doit encore être présumé mitoyen jusqu'à la hauteur du mur qui forme la clôture des autres côtés.

Cette doctrine ne saurait être admise, car elle ne

respecte pas le principe que nous avons émis précédemment, à savoir que les présomptions légales sont
de stricte interprétation. — Que dit en effet l'article 653 ?
Il établit une présomption de mitoyenneté « entre bâtiments »; donc elle n'existe que si les deux héritages
sont des bâtiments ; partant, il n'y a plus de présomption légale lorsque l'un des héritages est une maison
et l'autre un fonds non bâti. — Vainement objecte-t-on
que dans les villes et faubourgs le mur a été probablement construit à frais communs, à cause de la faculté qu'avait chaque propriétaire, en vertu de l'article 663, de forcer son voisin à contribuer à sa construction.

C'est possible ; mais à défaut de texte, il n'est pas
permis aux commentateurs d'ériger une simple probabilité en présomption légale ; ce droit n'appartient
qu'au législateur. Et dans la circonstance, il s'est bien
gardé de le faire, puisque l'article 653, loin de distinguer les villes et les faubourgs des autres endroits où
la clôture n'est pas forcée, porte littéralement au contraire que sa disposition est applicable à la fois « dans
les villes et les campagnes ».

Du reste, comme le voisin, dans tous les cas, n'aurait
pu être forcé qu'à contribuer à la confection d'un mur
de clôture ordinaire, et non à celle d'un mur de bâtiment nécessairement plus fort, plus épais, plus dispen-
dieux, et qu'il y aurait eu, d'après cela, une espèce de
ventilation à faire, on peut très bien supposer aussi
que le constructeur du bâtiment a mieux aimé faire
seul les frais du mur, pour éviter ces difficultés et
pour être seul propriétaire de toute sa maison. — C'est
même ce qui arrive très souvent dans la pratique. La

présomption de mitoyenneté que ces auteurs veulent admettre dans l'hypothèse qui nous occupe, serait donc non seulement contraire au texte de l'article 653, lequel ne fait aucune distinction, — mais elle reposerait encore sur une simple conjecture qui, dans beaucoup de cas, ne correspond pas à la réalité des faits.

Dès lors nous croyons avec la jurisprudence[1] et la majorité de la doctrine, que le mur d'une maison attenant à une cour, un jardin ou un enclos quelconque, ne peut être présumé mitoyen ; il est censé appartenir exclusivement au maître de l'édifice dont il fait partie intégrante.

Nous serions cependant assez disposés à appliquer la présomption de mitoyenneté au cas où il n'y a de bâtiment que d'un côté du mur, si de l'autre côté il reste des vestiges d'anciennes constructions qui y ont été adossées autrefois. — Pendant, en effet, que subsistaient ces constructions, nous étions en plein dans l'hypothèse prévue par la loi ; il y avait des bâtiments des deux côtés ; le mur était mitoyen. — Les constructions viennent à tomber en ruine et à disparaître ; — est-ce que cette disparition va faire perdre au mur sa qualité de mitoyen ? Nous ne le pensons pas[2].

Enfin, comme les termes de l'article 653 sont des plus larges, il n'y a pas lieu de se préoccuper de la nature des bâtiments, ni de l'usage auquel ils sont affectés, pas plus que de l'endroit où ils se trouvent situés. Partout, à la ville et à la campagne, le mur sera présumé mitoyen alors même que d'un côté il séparerait

1. Cass., 4 juin 1845, DALLOZ, 1845, 1, 358 ; Cass., 19 janvier 1886, SIREY, 86, 1, 248 ; Cass., 12 mai 1886, SIREY, 88, 1, 206.
2. Cass., 15 juin 1881, D. 83, 1, 259.

une maison d'habitation et de l'autre un magasin, un
hangar, une grange ou une remise. — Quelle que soit,
en effet, la différente destination de ces bâtiments, les
voisins ont intérêt, s'ils le peuvent, à se servir du même
mur, plutôt que d'en construire deux qui ne rempliront
pas mieux le but qu'ils se proposent.

B) Les murs qui servent de séparation
entre cours et jardins

Le mur, sans aucun doute, est présumé mitoyen,
quand il sépare deux cours, ou deux jardins.

Mais que décider si d'un côté se trouve une cour et
de l'autre un jardin ? La présomption doit-elle encore
s'appliquer ? — Quelques auteurs ont soutenu la négative. Ils distinguent entre les campagnes et les lieux
où la clôture est forcée. — Dans les campagnes, disent-
ils, il y a beaucoup plus d'intérêt à clore une cour
qu'un jardin ; par conséquent il est probable que le
propriétaire de la cour est propriétaire du mur.

Dans les lieux, au contraire, où la clôture est forcée,
le propriétaire de la cour ayant pu contraindre le propriétaire du jardin à contribuer à la construction d'un
mur de clôture, il faut présumer que ce mur est
mitoyen.

Cette doctrine, aujourd'hui abandonnée, est absolument contraire à la loi. — L'article 653 commence en
effet par ces mots : « Dans les villes et les campagnes » ; d'où il résulte que la présomption de mitoyenneté qu'il établit, est la même dans tous les lieux,
indistinctement. Or, il ne dit pas qu'elle existe seulement lorsque le mur sépare deux cours ou deux jardins ;

il dit que tout mur séparant « des cours et jardins »
est présumé mitoyen — ce qui s'entend naturellement des deux cas : de celui où c'est une cour et un
jardin, et de celui où ce sont deux jardins ou deux
cours. La présomption s'applique donc à ces différentes
hypothèses.

Cette solution du reste est très rationnelle, car, quoi
qu'en disent les partisans de l'opinion que nous venons
de réfuter, on n'a pas plus d'intérêt à clore une cour
qu'un jardin. — La cour et le jardin, en effet, sont au
même titre une dépendance intime de l'habitation, et
en les séparant, le mur rend à chacun des voisins les
mêmes services.

Par ailleurs, il n'est pas nécessaire, pour que la présomption de mitoyenneté ait lieu, que les jardins et
cours séparés par un mur, soient entièrement clos l'un
et l'autre. Si, comme le prétend Delvincourt, cette condition était exigée, il serait bien difficile de dire pourquoi l'article 653 parle spécialement des cours et jardins,
puisque, immédiatement après, il dispose que les murs
qui séparent des terrains clos sont présumés mitoyens.
— Cette dernière disposition, en effet, aurait suffi.

C) LE MUR EST RÉPUTÉ MITOYEN ENTRE ENCLOS
DANS LES CHAMPS

Dans les champs, aux termes de la loi, la présomption de mitoyenneté n'existe que si les héritages, dont
le mur fait la séparation, sont clos l'un et l'autre de
tous les côtés. La raison en est, que dans ces lieux,
les voisins n'ont plus le même intérêt à se clore, que
s'il s'agissait de leur cour ou de leur jardin — ; ils

n'ont plus à craindre autant les regards indiscrets, car
ils y vont moins souvent, et d'autre part, les choses à
y protéger sont beaucoup moins précieuses. Il était
donc juste de penser que le mur qui sépare deux héritages dont l'un seulement est entièrement clos, appartient exclusivement au propriétaire de cet héritage —
car c'est à lui seul qu'il est réellement utile. Il ne procure en effet aucun avantage au voisin dont la propriété
est par ailleurs ouverte à tout venant ; et dès lors,
celui-ci n'ayant pas d'intérêt, il est très probable qu'il
se sera bien gardé de participer aux frais de la construction d'un mur qui lui eût été inutile, ou d'en
acquérir la mitoyenneté.

Comme le Code ne nous définit pas l'enclos, nous
croyons que le législateur a employé cette expression
dans son sens habituel, voulant désigner ainsi, tout
espace entouré de clôtures quelconques, enfermé dans
une enceinte de murs, de haies, de treillages, etc. Par
suite, il suffit, pour que la présomption de mitoyenneté
existe, que les héritages soient clos l'un et l'autre. Il
en serait ainsi alors même que l'un des fonds serait
entièrement entouré de murs, tandis que l'autre se trouverait fermé sur un ou plusieurs côtés, par des clôtures
d'une nature différente.

S'il se trouvait, dans les champs, un mur unique
servant de séparation entre deux fonds, sans qu'aucun
ne fût clos, on devrait encore, à notre avis, le présumer mitoyen, non pas en vertu de l'article 653 qui
est muet sur ce cas, mais par la raison que, à défaut
de preuve, on ne pourrait l'attribuer à l'un des propriétaires plutôt qu'à l'autre.

Que décider pour les murs qui servent de soutènement à une terrasse, quand des deux côtés il y a des cours, des jardins ou des enclos ?

Pour résoudre la question, il importe de se rappeler que l'article 653 ne présume mitoyens que les murs servant « de séparation » entre héritages. Si donc nous sommes en présence d'un simple mur de soutènement, qui, comme son nom l'indique, n'est destiné qu'à maintenir les terres du fonds supérieur, nous ne sommes plus dans l'hypothèse prévue par la loi. — Il doit être considéré comme appartenant au propriétaire de ce fonds, dont il fait partie intégrante. C'est ainsi notamment, que la Cour de Dijon a décidé dans son arrêt du 4 mars 1887, qu'un simple mur de soutènement, qui n'a été édifié que dans le but de retenir les terres d'un jardin et de les empêcher de s'ébouler sur le jardin voisin, dont le sol se trouve en contre-bas, est présumé appartenir exclusivement au propriétaire du jardin dont le sol est le plus élevé, et ne saurait être considéré comme un mur de clôture auquel s'applique la présomption de mitoyenneté de l'article 653[1].

Si, au contraire, le mur s'élève au-dessus du niveau de la terrasse, à une hauteur suffisante pour empêcher toute vue sur le fonds inférieur, et forme ainsi un véritable mur de clôture, nous rentrons dans les termes de la loi. Il sert de séparation entre les héritages, et alors il devra être présumé mitoyen depuis sa base jusqu'à son sommet. Mais il n'en sera ainsi, remarquons-le, que s'il s'élève à une hauteur suffisante ; s'il ne

---

1. Dijon, 4 mars 1887. *Gazette du Palais*, 87, 1, 535. — Voir dans le même sens, Cass., 25 avril 1888, DALLOZ, 89. 1, 262 ; Riom, 10 décembre 1891, D. 93, 2, 437 ; — AUBRY et RAU, II, § 222, p. 419 ; DEMANTE, t. II, n° 507.

dépassait que légèrement le niveau de la terrasse, à hauteur d'appui par exemple, il resterait un mur de soutènement, soustrait comme tel aux présomptions de l'article 653.

Ce sera donc, on le voit, une question de fait soumise à l'appréciation des tribunaux.

II. — **Quand cessent-elles de s'appliquer.**

Les présomptions de mitoyenneté établies par l'article 653 cessent de produire leur effet, s'il y a « titre ou marque du contraire. » Examinons successivement ces deux cas.

A) Du Titre

Il est naturel d'admettre que les présomptions de mitoyenneté s'effacent devant un titre, car, ainsi que nous l'avons vu, elles n'ont été créées par le législateur que pour suppléer à l'absence de titres constatant la propriété exclusive du mur au profit de l'un des voisins. Si ces titres existent, les présomptions n'ont plus de raison d'être, et par suite doivent tomber.

Mais que faut-il entendre par le mot titre qu'emploie l'article 653 ? — Les auteurs sont loin d'être d'accord sur ce point. — Les uns pensent que ce mot désigne un écrit ; les autres, et cette opinion nous paraît la plus plausible, estiment qu'il désigne le fait juridique (vente, donation), en vertu duquel l'un des voisins est propriétaire exclusif du mur. — Ce fait juridique allégué, par exemple, une vente verbale, avec réserve au profit du vendeur de la propriété exclusive du mur, pourra donc être établi conformément au droit commun, notamment par témoins, si la valeur du litige ne dépasse pas cent cinquante francs, ou si, au-dessus de ce chiffre, il y a un commencement de preuve par écrit. — L'article 653, en effet, n'a pas dérogé au droit commun, et dès lors que la présomption légale de mitoyenneté est une présomption *juris tantum* qui admet la preuve contraire, cette preuve peut se réaliser par tous les moyens admis par la loi pour la démonstration d'un fait juridique.

La jurisprudence et nombre d'auteurs, prenant le mot titre comme synonyme d'écrit, décident cependant qu'il est impossible de recourir à la preuve testimoniale pour renverser la présomption légale de mitoyenneté.

Quoi qu'il en soit, le titre peut remonter à l'époque de la construction du mur ou lui être postérieur. Son effet, dans tous les cas, sera le même. — Il importe peu qu'il soit notarié ou sous seings privés.

Il n'est pas davantage nécessaire, à notre avis, qu'il soit commun aux deux parties. L'article 653 en effet n'a pas exigé et ne pouvait exiger que le propriétaire, qui, dans le plein exercice de son droit, bâtit sur son fonds, à l'extrême limite, fût dans la nécessité de se procurer un document commun avec son voisin ; — du reste, aucun texte ne dit que, pour faire preuve, le titre invoqué par celui qui se prétend propriétaire, doive nécessairement être commun à la partie contre laquelle il s'en prévaut. Bien que manquant du caractère contradictoire, il pourra être invoqué utilement pour corroborer les inductions tirées de l'état matériel des lieux. « Le titre, nous disent MM. Baudry-Lacantinerie et Chauveau, dans leur traité sur les Biens, n° 246, joue seulement le rôle d'une présomption de propriété, il n'est pas besoin que le défendeur y ait été partie ; la maxime *res inter alios acta* n'a pas sa place dans le débat. Le titre n'est invoqué que pour établir le fait d'une vente, d'une donation, d'un acte juridique, auquel le juge donne ensuite la valeur d'une présomption ; il n'est pas opposé au défendeur comme la preuve d'un rapport juridique existant entre le demandeur et lui ; le titre, comme présomption conserve donc toute sa valeur, bien que le défendeur n'y figure pas comme partie contractante. — S'il émanait du défendeur, il prouverait alors l'existence d'un lien de droit entre les deux plaideurs et il s'agirait plutôt d'une question d'obligation, de droit personnel, que d'une difficulté relative à un droit réel. »

La jurisprudence est d'ailleurs en ce sens, et, dans un arrêt du 4 juillet 1891, la Cour d'Orléans a décidé expressément que le titre contraire exigé par l'article 653 pour détruire la présomption de mitoyenneté d'un mur, ne doit pas nécessairement émaner des deux propriétaires voisins ou de leurs auteurs, et que la preuve de la non-mitoyenneté peut résulter d'un titre non commun, spécial à un seul des propriétaires[1].

Mais pour qu'un pareil titre ait effet, il faut qu'il s'exprime d'une façon formelle, et atteste clairement que le mur appartient exclusivement à celui des deux voisins qui le revendique. Le constructeur, en l'absence de titre contradictoire, n'aura donc à sa disposition qu'une preuve sujette à contestation, puisque le juge pourra toujours écarter son titre particulier comme

1. D. 1893, 2, 126.

équivoque. Dès lors il agira prudemment en se réservant une autre preuve ; pour cela il n'aura qu'à placer dans son mur, au moment de la construction, quelqu'une des marques de non-mitoyenneté dont nous allons parler.

B) Des marques du contraire

Ces marques sont énumérées dans l'article 654 qui s'exprime en ces termes : « Il y a marque de non-mitoyenneté lorsque la sommité du mur est droite et à plomb de son parement d'un côté et présente de l'autre un plan incliné ; lors encore qu'il n'y a que d'un côté ou un chaperon, ou des filets et corbeaux de pierre qui y auraient été mis en bâtissant le mur. Dans ce cas, le mur est censé appartenir exclusivement au propriétaire du côté duquel sont l'égout ou les corbeaux et filets de pierre » — Les trois marques de non-mitoyenneté indiquées par le texte résultent donc de l'état matériel du mur et de la forme extérieure de sa construction ; ce sont des signes caractéristiques, écrits en quelque sorte dans le mur, et qui l'emportent sur la présomption générale de mitoyenneté. — Examinons chacune des hypothèses prévues dans l'article 654.

1) Il y a marque de non-mitoyenneté lorsque la sommité du mur est droite, et à plomb de son parement d'un côté et présente de l'autre un plan incliné. — Dans ce cas, en effet, les eaux pluviales suivant le sens de l'inclinaison, se déverseront toutes du même côté. C'est là une charge qui sera supportée uniquement par l'un des voisins ; dès lors, la loi a eu raison de

penser que ce voisin est propriétaire exclusif du mur, car s'il en était autrement, si le mur avait été construit à frais communs, on aurait probablement disposé sa sommité de façon que chacun des deux héritages reçût la moitié des eaux.

2) Lors encore qu'il n'y a que d'un côté ou un chaperon, ou des filets et corbeaux de pierre.

Le chaperon est une espèce de toit placé au haut du mur. — Les filets, appelés aussi larmiers, sont généralement des tuiles ou pierres plates qui font saillie au bout du chaperon, de façon à rejeter l'eau pluviale à une certaine distance du mur, pour qu'elle ne le dégrade pas en tombant le long de son parement. — Quand le chaperon n'existe que d'un côté, le mur présente encore de ce côté-là un plan incliné. Seulement, ce plan incliné, au lieu d'être formé avec les matériaux mêmes du mur, l'est alors par un petit toit. Comme dans l'hypothèse qui précède, il n'y a donc qu'un seul fonds à recevoir les égouts ; de là une présomption que le mur appartient en entier au propriétaire de cet héritage.

Les corbeaux sont des pierres en saillie destinées à servir d'appui aux poutres et solives dans le cas où l'on viendrait à bâtir contre le mur. — Le voisin du côté duquel ils se trouvent doit être regardé, d'après la loi, comme propriétaire exclusif du mur, parce que, nous dit Laurent, la construction du mur témoigne qu'il ne doit servir qu'à lui. En effet, si le mur avait été construit à frais communs, il est très vraisemblable que l'autre voisin n'aurait pas manqué de se réserver le même avantage, pour le cas où il aurait voulu, lui aussi,

y appuyer plus tard des constructions. — « Ces corbeaux,
dit Delvincourt[1], ne doivent pas être confondus avec ce
qu'on appelle des harpes ou pierres d'attente, qui sont
des pierres que fait saillir du côté du voisin, celui qui
bâtit le premier, afin que lorsque le voisin viendra à
bâtir à son tour, les deux maisons se trouvent liées
ensemble, et qu'il ne soit pas nécessaire de faire des
entailles et des incrustements qui détérioreraient le mur
de la première maison. On voit par là que ces harpes
ne peuvent fournir aucun préjugé relativement à la mitoyenneté. » Cette distinction est très importante à faire,
car si on les confondait, il s'ensuivrait que, d'après l'article 654, le voisin du côté duquel sont les harpes, devrait
être considéré comme propriétaire exclusif du mur,
d'où cette conséquence absurde que le propriétaire de
la maison n'aurait aucun droit sur le mur qui la soutient.
Il a été jugé du reste que l'on ne peut considérer comme
présomption de mitoyenneté l'existence des harpes ou
pierres d'attente[2].

Pour que les filets et corbeaux constituent une marque
de non-mitoyenneté, deux conditions sont requises ; il
faut qu'ils soient « de pierre » et qu'ils aient été mis « en
bâtissant le mur ». Sans cela, il eût été trop facile à un
voisin qui voudrait s'attribuer la propriété du mur, de
faire de son côté des filets en plâtre à l'insu de son
voisin[3]. En cas de difficulté sur le point de savoir s'ils
ont été mis au moment de la construction du mur, on
devra s'en rapporter aux hommes de l'art qui décideront aussi si les filets et corbeaux ont la destination que

1. DELVINCOURT, t. I , p. 396.
2. Rennes, 9 juillet 1821, DALLOZ, *Répertoire*, *Servitudes*, n° 436.
3. POTHIER, *Contrat de Société*, n° 205.

la loi leur suppose ; ainsi, la Cour de Rennes, dans un arrêt du 9 juillet 1821, a jugé que le filet n'est plus une présomption exclusive quand il n'a pas pour objet de faciliter l'écoulement des eaux [1].

Si ces marques avaient été placées après coup, non seulement elles ne détruiraient pas la présomption de mitoyenneté, mais elles ne pourraient même fonder la prescription, car la possession qui en résulterait n'aurait pas le caractère de publicité exigé par l'article 2229 vu qu'elles pourraient très bien être inconnues de l'autre propriétaire. C'est à celui qui les invoque, à prouver qu'elles ont été mises en bâtissant. — Cette preuve est d'ailleurs facile en ce qui concerne les corbeaux, puisque pour cela, on observe généralement si ces pierres formant saillie sont assises dans toute l'épaisseur du mur.

Que décider cependant si les filets et corbeaux ont été placés dans le mur, après sa construction, et y sont restés, au vu et su du voisin, pendant plus de trente ans ?

Demolombe et la majorité des auteurs soutiennent que dans ce cas, ils seront présumés avoir été établis soit en même temps que le mur, soit postérieurement, mais avec le consentement du voisin, et que par suite, ils établiront au profit de celui du côté duquel ils se trouvent, la preuve de la propriété exclusive du mur [2]. — Ce n'est pas notre opinion. — Même dans cette hypothèse, nous ne croyons pas que ces marques puissent détruire la présomption de mitoyenneté, car elles ne

---

1. DALLOZ, *Rép.*, *Servitude*, n° 436.
2. DEMOLOMBE, t. XI, n° 338.

remplissent pas les conditions exigées par l'article 654, quel que soit le laps de temps pendant lequel on les a tolérées. « La prescription, disent MM. Baudry-Lacantinerie et Chauveau[1], n'a pas d'empire sur les faits, et elle ne peut modifier l'état matériel des choses, reculer la date de l'origine des marques pour la faire coïncider avec celle de la construction du mur ; or, si l'article 654 est inapplicable, on ne peut trouver en dehors de ce texte d'autres signes contraires à la présomption de mitoyenneté. » — Le voisin qui voudra se prévaloir de ces signes de non-mitoyenneté pour soutenir qu'il est propriétaire exclusif, devra donc encore prouver qu'ils remontent à l'époque de la construction du mur. Il ne sera pas dispensé de cette preuve parce que l'état des choses sur lequel il se fonde, existe depuis trente ans, à la connaissance de son adversaire. Mais, nous le repétons, l'opinion générale n'est pas en ce sens.

Cette difficulté de preuve n'est pas la seule qui se soit élevée au sujet des marques de non-mitoyenneté.

D'après l'article 654, les filets, corbeaux ou chaperons ne constituent une présomption de propriété exclusive, qu'autant qu'ils se trouvent d'un seul côté du mur. Supposons qu'ils existent simultanément des deux côtés ; quel sera leur effet ? Vont-ils alors faire présumer que le mur est mitoyen ? — Certains auteurs l'ont soutenu, mais c'est là une opinion qu'il est impossible d'adopter. S'il s'agit en effet, d'un mur à l'égard duquel la mitoyenneté est présumée d'après l'article 653, ces marques de non-mitoyenneté qui se trouvent de

1. *Traité des Biens*, p. 667.

chaque côté se neutralisent et s'annihilent. Elles n'ajoutent rien à la présomption légale de mitoyenneté.

S'il s'agit au contraire d'un mur que l'article 653 ne présume pas mitoyen, les marques établies des deux côtés ne lui donneront pas ce caractère, puisqu'en dehors de l'article 653 aucun autre article n'établit de présomption de ce genre. Or, cet article ne dit pas que le plan incliné, le chaperon, les filets et les corbeaux feront présumer la mitoyenneté quand ils se trouveront placés des deux côtés du mur.

La question est donc tranchée, puisqu'il n'y a pas de présomption de mitoyenneté en dehors de celles créées par la loi. — Par conséquent, lorsqu'un mur séparera, dans les champs, deux terrains, dont l'un seulement est entièrement clos, il faudra le considérer comme appartenant exclusivement au propriétaire de ce terrain, alors même qu'au moment de sa construction on y aurait placé de chaque côté des marques de non-mitoyenneté. La Cour de Bordeaux a jugé, dans une hypothèse semblable que, lorsque le chaperon d'un mur présente deux versants, l'un du côté intérieur, l'autre du côté extérieur, la présomption est que le propriétaire, en construisant son mur, a laissé un certain espace pour pouvoir circuler sans entrer sur le fonds voisin [1].

Une autre question très controversée est celle de savoir si l'on peut étendre l'article 654 en invoquant des marques de non-mitoyenneté différentes de celles qu'il indique. — Quant à nous, la solution n'est pas douteuse, et nous croyons, conformément d'ailleurs à

1. Bordeaux, 22 février 1844, SIREY, 44, 2, 457.

l'opinion générale[1], que l'énumération donnée par cet article a un caractère limitatif. C'est ce qui résulte de la combinaison de ce texte avec l'article 653. « Dans les villes et les campagnes, dit l'article 653, tout mur servant de séparation entre bâtiments jusqu'à l'héberge, ou entre cours et jardins et même entre enclos dans les champs, est présumé mitoyen s'il n'y a titre ou marque du contraire. » Que fait ensuite l'article 654 ? Il indique les marques de non-mitoyenneté. Cette indication serait évidemment tout à fait inutile, et la disposition de l'article 653 aurait suffi, si les juges étaient libres d'admettre d'autres marques de non-mitoyenneté que celles que le législateur a mentionnées. — On pourrait invoquer dans le même sens, le rapport du tribun Albisson, dans lequel on lit que la loi détermine « précisément » les marques de non-mitoyenneté.

En outre, quand la loi nous dit « dans ces cas, le mur est censé apppartenir exclusivement au propriétaire du côté duquel sont l'égout, ou les corbeaux et filets de pierre » il est indéniable qu'elle établit une présomption de propriété exclusive. — Or, nous le savons, les présomptions légales ne peuvent être étendues au-delà des cas spécialement prévus par les textes. Ce dernier argument suffit à lui seul, pour écarter toutes les raisons que l'on a pu invoquer en faveur de la thèse contraire.

Dès lors, nous ne partageons pas l'opinion de M. Quernest, l'auteur des usages locaux d'Ille-et-Vilaine,

---

1. MARCADÉ, sur l'article 654, n. 2 ; — AUBRY et RAU, t. II, p. 422 ; BAUDRY-LACANTINERIE, *Des Biens*, p. 649 ; LAURENT, t. VII, n. 536. En sens contraire : DEMOLOMBE, t. XI, p. 377, n. 341 ; DEMANTE, t. II, n. 508 *bis*.

qui déclare que l'on doit admettre comme marques de non-mitoyenneté, certains signes qui ne sont pas énumérés dans l'article 654.

La Cour d'Orléans, dans son arrêt du 4 juillet 1891, a du reste décidé que cet article avait un caractère limitatif et que la preuve de la non-mitoyenneté ne saurait résulter d'autres signes que ceux qu'il énumère[1].

Nous croyons toutefois qu'en ce qui concerne les murs construits avant la promulgation du Code, les propriétaires peuvent toujours invoquer les marques de non-mitoyenneté que les Coutumes et la jurisprudence anciennes avaient admises. La loi, en effet, n'est pas rétroactive ; elle n'a pu les dépouiller du droit qui leur était acquis, de prouver à toute époque, par la forme même de la construction, leur propriété exclusive. — Mais, il est bien évident que le propriétaire qui prétend que la construction du mur est antérieure à la promulgation du Code, sera obligé d'en fournir la preuve.

Enfin, il peut arriver que le voisin à qui sont opposées les marques de non-mitoyenneté, se trouve en possession d'un titre établissant qu'il est propriétaire exclusif du mur ou tout au moins propriétaire mitoyen. Quel sera l'effet de ce titre ? — Il fera tomber, sans aucun doute, la présomption contraire attachée aux signes de non-mitoyenneté, car cette présomption, après tout, n'est qu'une probabilité, et que toute conjecture, comme le fait très bien observer Duranton, doit fléchir devant une preuve positive. Cela aura lieu, remarquons-le, alors même que ces signes existeraient

1. Orléans, 4 juillet 1891, D. 93, 2, 126, — Contra : SIREY, 1863, 2, 162.

depuis plus de trente ans, à compter de la date du titre. Dans ce cas en effet, ce serait encore opposer une présomption à une preuve directe ; or, la loi ne permet pas de combattre une telle preuve par des présomptions. Pour qu'il en fût autrement, il faudrait que, en outre des marques de non-mitoyenneté, le voisin eût opposé au propriétaire muni du titre, une contradiction régulière contre le droit qui en résulte, et que cette contradiction ait été suivie d'actes matériels de possession capables de fonder la prescription.

A défaut de titre, on pourrait encore, pour faire tomber la présomption de propriété exclusive résultant des signes de non-mitoyenneté, se servir de la preuve testimoniale, bien entendu dans les limites tracées par le Code civil. Cette présomption, en effet, est une présomption *juris tantum* admettant comme telle, la preuve contraire. Or, comme ici, l'article 654, à la différence de l'article 653, ne donne aucune énumération des preuves contraires, il faut donc, sans hésiter, appliquer le droit commun — Cette solution, d'ailleurs, n'est pas contestée.

Nous avons ainsi étudié les preuves contraires susceptibles d'après l'article 653 de détruire les présomptions de mitoyenneté que ce même texte établit. Il nous reste à voir, si l'on ne pourrait pas se prévaloir de la prescription pour arriver au même but.

C) DE LA PRESCRIPTION

La prescription, à notre avis, peut être invoquée utilement et contre les présomptions de mitoyenneté, et contre les présomptions de non-mitoyenneté ; c'est-à-dire qu'elle est capable de faire acquérir la propriété exclusive d'un mur mitoyen, tout aussi bien que la mitoyenneté d'un mur qui jusque-là n'appartenait qu'à un seul des voisins.

Certains auteurs, il est vrai, rejettent cette solution en objectant que la loi qui admet la prescription à l'égard des haies et des fossés, n'en parle pas quand il s'agit des murs.

Cette objection n'est pas sérieuse, car, du moment que les présomptions de mitoyenneté et de non-mitoyenneté s'effacent devant un titre, il faut bien reconnaître qu'elles doivent s'écarter devant la prescription qui est le titre par excellence, puisque d'après la loi, elle l'emporte même sur les preuves écrites. — Sans doute les articles 653 et 654 gardent le silence à son égard, mais il n'en résulte pas une dérogation aux principes généraux. — Or, la prescription est un mode d'acquisition de la propriété, applicable aux murs comme aux autres biens, puisqu'il n'y a pas de texte dérogeant à cette règle relativement à la matière qui nous occupe — Nous concluons, par suite, que la prescription peut faire acquérir la propriété exclusive de tout mur, mitoyen ou non, ainsi que la mitoyenneté d'un mur dont l'autre voisin était seul propriétaire, soit en vertu d'un titre, soit par application des marques de non-mitoyenneté. — Nous ajoutons même que cette acquisition peut résulter non seulement de la prescription trentenaire, mais encore de la prescription de dix à vingt ans, s'il y a juste titre et bonne foi[1].

1. Cass., 10 juillet 1865, S. 65, 1, 341 ; Tribunal civil de Boulogne-sur-Mer, 6 juin 1885.

Cette solution était du reste admise dans notre ancien droit. « Rien ne s'oppose, disait Dunod, à ce qu'un communiste acquière par prescription le droit de son co-associé[1]. »

Mais pour que la prescription puisse ainsi faire acquérir la propriété exclusive ou la mitoyenneté du mur, il faudra que les faits invoqués à l'appui soient le résultat d'une possession remplissant les conditions exigées par la loi à cet effet, et prouvent bien claire-ment que celui qui s'en prévaut a agi, dans le premier cas comme propriétaire exclusif et dans le second comme propriétaire mitoyen. Il ne faudrait pas qu'il fût possible de considérer ces faits comme des actes de familiarité, de tolérance auxquels le propriétaire du mur n'aurait pas eu intérêt à s'opposer[2]. C'est pourquoi si la prescription est capable en principe de faire acquérir la propriété exclusive ou la mitoyenneté d'un mur malgré les présomptions contraires, elle n'abouti-ra que très rarement à un pareil résultat, parce que la plupart du temps, les conditions requises pour son existence ne se trouveront pas réunies dans la pratique. Néanmoins les tribunaux ont eu, à plusieurs reprises, l'occasion d'admettre cette prescription, comme fondée sur des actes non équivoques de possession véritable[3].

Que décider si ces actes de possession trop récents pour créer la prescription, remontent pourtant à plus d'une année? En un mot quelle force faut-il attacher à la possession annale ? Cette possession établit en

1. DUNOD, *Prescription,* part. I, chap. XII, p. 81 et 101.
2. Pau, 18 août 1834, S. 35, 2, 298.
3. Boulogne-sur-Mer, 6 juin 1885 ; — Pau, 18 août 1834, S. 35, 2, 291. Rouen, 31 août 1867, S. 68, 2, 215.

effet une présomption de propriété exclusive ; elle peut donc se trouver en conflit avec la présomption de mitoyenneté. Laquelle des deux devra l'emporter ?

Celui qui invoque la possession obtiendra gain de cause au possessoire. Cela ne fait pas de doute. — Mais faut-il aller plus loin, et décider que cette possession annale constituera une présomption de propriété exclusive qui devra l'emporter au pétitoire sur la présomption de mitoyenneté ? — Il nous semble bien difficile de l'admettre, car ce serait lui donner autant d'effet qu'à la prescription. — Le possesseur aura sans doute l'avantage de jouer au pétitoire le rôle de défendeur, mais conformément au droit commun, la présomption qu'il est titulaire du droit exercé, devra tomber devant la preuve contraire, c'est-à-dire devant la preuve de la mitoyenneté résultant soit de la présomption légale de l'article 653, soit d'un titre (art. 1352).

En un mot, nous n'admettons pas qu'un droit de copropriété puisse être perdu par le seul effet de la possession annale, et si l'on objecte qu'avec notre système cette possession est sans utilité, nous nous contentons de répondre avec Demolombe, que le système opposé lui fait, au contraire, des avantages excessifs et démesurés. — La solution serait la même si au lieu d'être opposée à une présomption de mitoyenneté, la possession annale était invoquée contre une présomption de non-mitoyenneté.

La jurisprudence est, d'ailleurs, en ce sens.

Nous croyons enfin, dans l'hypothèse où le mur repose pour la plus grande partie sur le fonds de l'un des voisins, et où la présomption de mitoyenneté se trouve ainsi en conflit avec cette autre présomption légale de l'article 552, d'après laquelle la propriété du sol emporte celle du dessous, nous croyons que le juge devra se décider, d'après les faits et les circonstances de la cause, en faveur de l'une ou de l'autre de ces présomptions.

DEUXIÈME PARTIE

CONSÉQUENCES DE L'ÉTABLISSEMENT DE LA MITOYENNETÉ

———

Nous venons d'examiner les divers modes constitutifs de la mitoyenneté. Étudions maintenant, dans deux chapitres successifs, les droits qu'elle confère et les obligations qu'elle impose à chacun des copropriétaires.

CHAPITRE PREMIER

———

Chacun des copropriétaires d'un mur mitoyen a le droit de s'en servir pour tous les usages auxquels il est naturellement destiné, à la condition de ne causer aucun préjudice à son copropriétaire. — C'est là une règle applicable à tous les copropriétaires. Mais, ainsi que nous l'avons vu, la mitoyenneté donne à certains égards, des droits plus étendus que la communauté ordinaire. Tandis en effet, qu'un communiste ordinaire ne peut pas faire de changement sur la chose commune, sans le consentement de ses copropriétaires, chacun des propriétaires du mur mitoyen peut y pratiquer des innovations. Ces innovations consistent principalement dans l'exercice de la faculté de bâtir contre le mur et même de l'exhausser.

I. — Droit de bâtir contre le mur mitoyen et d'y faire placer des poutres et solives.

Ce droit résulte de l'article 657 ainsi conçu : « Tout copropriétaire peut faire bâtir contre un mur mitoyen et y faire placer des poutres et solives dans toute l'épaisseur du mur, à cinquante-quatre millimètres (deux pouces) près, sans préjudice du droit qu'a le voisin de faire réduire à l'ébauchoir la poutre jusqu'à la moitié du mur, dans le cas, où il voudrait lui-même asseoir des poutres dans le même lieu, ou y adosser une cheminée. »

A) Droit de bâtir. — L'article qui consacre ce droit est absolu ; il en résulte que chacun des propriétaires peut élever contre le mur mitoyen toutes les constructions qu'il lui plaît : maison d'habitation, grange, remise, etc. Il a sur ce point liberté entière, à la condition toutefois d'observer les dispositions de l'article 674 et de respecter les servitudes que l'autre copropriétaire pourrait avoir acquises.

B) Droit de placer des poutres et solives. — Aux termes de l'article 657, ces poutres et solives peuvent être placées dans toute l'épaisseur du mur, moins cinquante-quatre millimètres, sauf au voisin, la faculté de les faire réduire à l'ébauchoir, c'est-à-dire sans déplacement, jusqu'à la moitié du mur s'il veut lui-même placer d'autres poutres dans le même lieu. — Cette disposition n'est en somme que la reproduction de l'article **232** de la Coutume d'Orléans.

L'article 208 de la Coutume de Paris, au contraire, ne permettait au voisin « de loger les poutres de sa maison que jusqu'à l'épaisseur de la moitié du mur ». — Les codes espagnol et portugais sont encore aujourd'hui en ce sens.

La disposition de l'article 657 s'applique évidemment aux poutres et solives en bois; mais que décider pour les poutres et solives en fer?

Le code n'a pu réglementer l'emploi des fers dans les bâtiments, puisque ce mode de construction était alors inconnu — aussi la jurisprudence a considéré que les poutres en fer ne peuvent être assises au delà de la moitié de l'épaisseur du mur. Cette solution est rationnelle puisque l'article 657 ne permet de placer les poutres en bois dans toute l'épaisseur du mur à cinquante-quatre millimètres près, que parce qu'elles peuvent être réduites à l'ébauchoir pour laisser au voisin la faculté d'asseoir des poutres dans le même endroit ou d'y adosser une cheminée. — Les pièces en fer ne pouvant être réduites, il convenait de les placer tout de suite sur la mi-épaisseur réglementaire.

II. — Droit d'exhaussement.

A) Tout copropriétaire, nous dit l'article 658, peut faire exhausser le mur mitoyen, mais il doit payer seul la dépense de l'exhaussement, les réparations d'entretien au-dessus de la hauteur de la clôture commune, et en outre l'indemnité de la charge, en raison de l'exhaussement et suivant sa valeur. — Le droit d'exhausser est donc absolu, et son exercice n'est subordonné à la justification d'aucun motif d'agrément, d'utilité ou de nécessité. Chacun des copropriétaires peut en user à son gré sans que l'autre ait aucun compte à lui demander sur ses intentions. Il lui est loisible d'exhausser, même dans la seule pensée de se préserver des vues du voisin, à la condition toutefois que ce voisin n'ait pas de droit acquis à leur conservation.

L'exhaussement peut aussi atteindre n'importe quelle hauteur. Cette question a été nettement tranchée par la jurisprudence. Un arrêt de la Cour de Paris, 4e chambre, du 19 mai 1877[1], a admis pour chacun des propriétaires d'un mur mitoyen « le droit absolu d'exhausser ce mur à la hauteur qu'il lui plaît. »

En l'absence de toute restriction spéciale, l'exercice du droit d'exhaussement n'a d'autres limites que l'obligation imposée par la loi commune d'en user de manière à ne porter aucune atteinte aux droits que peut conférer au voisin l'usage réciproque de la mitoyenneté ou l'existence d'une servitude qui lui serait légitimement acquise. Ces droits réservés, le préjudice matériel que l'exhaussement du mur mitoyen pourrait causer au voisin dans ses autres biens ne saurait être pour lui un motif légitime de s'y opposer.

Il importe cependant de faire remarquer que cette opinion n'est pas généralement admise en doctrine. La plupart des auteurs modernes en effet apportent à la disposition absolue de l'article 658 un tempérament qui, dans notre ancien droit, était admis sous l'empire des Coutumes de Paris et d'Orléans. D'après eux, pour que l'exhaussement soit licite, il faut qu'il ait lieu sans

1. *Gazette des Tribunaux*, 21 août 1877. Dans le même sens, Cour de Paris, 1re chambre, 21 février 1879. *Gazette des Tribunaux*, 18, 21 et 22 février 1879.

intention de nuire et que son auteur en tire de l'utilité : *Malitiis non est indulgendum.*

Cette doctrine, opposée à l'opinion que nous venons d'émettre, est contraire aussi à la jurisprudence de la Cour de cassation[1]. Un arrêt de cette cour (11 avril 1864) exprime formellement « que le préjudice matériel, que l'exhaussement du mur mitoyen pouvait occasionner au voisin dans ses autres biens, ne saurait être pour lui un motif légitime de s'y opposer ; qu'en vain, il prétendrait que cet exhaussement, sans utilité actuelle pour le constructeur, n'a d'autre but que de lui causer un préjudice, puisque celui qui use d'un droit que la loi lui accorde est seul juge de son intérêt, qu'il ne fait en cela aucun tort à autrui et qu'en définitive le préjudice qui peut en résulter pour l'un devient pour l'autre un élément d'intérêt appréciable à prix d'argent. »

Nous estimons pour notre part, que cet arrêt a bien jugé, car il donne à l'article 658 la portée absolue qui résulte de ses termes littéralement entendus. — Que si l'on objecte la maxime : *malitiis non est indulgendum,* il suffit de répondre que celui qui fait ce que la loi lui permet est réputé ne pas commettre de faute, quelque préjudice qui en puisse résulter pour autrui.

En accordant à chacun des copropriétaires la faculté d'exhausser le mur mitoyen, l'article 658 impose à celui qui en use certaines obligations. C'est ainsi « qu'il devra payer seul les dépenses de l'exhaussement et les réparations d'entretien qui seront nécessaires au-dessus de la clôture commune ». — Étant seul proprié-

1. Cass., 11 avril 1864, DALLOZ, 1864, 1, 219 ; 18 août 1874, D. 75, 1, 155.

taire de la partie exhaussée, il était bien juste de lui en faire supporter toutes les charges. Cette disposition est de toute équité, et il est inutile d'insister.

A cette obligation l'article 658 en ajoute une autre également très équitable : celle de payer une indemnité au voisin. L'exhaussement en effet constitue une surcharge pour la partie du mur restée mitoyenne, surcharge qui aura pour conséquences de rendre les réparations plus fréquentes, et même d'accélérer la destruction du mur. — Dès lors, il était naturel d'accorder une indemnité à celui qui, sans profiter des avantages de l'exhaussement, en aura les inconvénients à supporter.

Mais quel sera le montant de cette indemnité? La Coutume de Paris ne se préoccupait pas du poids des matériaux employés ni, par suite, du préjudice plus ou moins sérieux que souffrait la partie restée mitoyenne ; elle fixait invariablement l'indemnité à payer au sixième du prix qu'avait coûté l'exhaussement. — C'était là une fixation arbitraire qui pouvait aboutir aux résultats les plus choquants, et forcer par exemple le constructeur à verser comme indemnité, une somme égale, quelquefois même supérieure à la valeur du mur inférieur. — Aussi, notre code a-t-il eu raison d'abandonner une telle fixation. Il règle l'indemnité d'une manière plus équitable en décidant qu'elle doit être déterminée « en raison de l'exhaussement et suivant la valeur » c'est-à-dire, eu égard à l'importance de l'exhaussement, proportionnellement à la surcharge imposée. Dès lors, comme le prix des matériaux ne correspond pas toujours à leur poids, la pierre la meilleure étant souvent la plus légère, il ne faudra pas, pour fixer le montant

de cette indemnité, s'occuper uniquement de la valeur
de l'exhaussement, il faudra encore et surtout songer
à son poids. Ainsi par exemple, « s'il arrivait que
l'exhaussement fût mal construit et n'eût par suite de
ce vice de construction qu'une faible valeur, il n'en faudrait pas moins l'estimer seulement en raison de son
poids et comme si le vice de construction, qui n'importe
ici nullement, n'existait pas »[1]. Il faut, en un mot,
prendre en considération les circonstances de fait. Aussi
la Cour de cassation a-t-elle bien statué quand, dans un
arrêt rendu par la Chambre des requêtes le 2 juillet
1895, elle a décidé[2] « que le juge du fait peut déclarer,
en se fondant sur les circonstances de la cause souverai-
nement appréciées par lui, qu'un exhaussement en
planches, ne compromettant en rien la durée ni la solidité du mur, ne saurait donner lieu à aucune indemnité
de surcharge. »

Les experts à qui incombe le soin, à défaut d'accord
entre les parties, d'évaluer l'indemnité, devront en
outre tenir compte des travaux confortatifs qui auraient
été exécutés par l'auteur de l'exhaussement. Ils devraient
même refuser toute indemnité, si ces travaux avaient
été assez sérieux pour supprimer tous les inconvénients
de la surcharge[3].

B) Nous avons supposé avec l'article 658 que le mur
à exhausser était capable de supporter l'exhaussement,

1. DEMOLOMBE, t. XI, n° 400, p. 462.
2. Pandectes franç., 1896, 1, 461.
3. Cass., 2 juillet 1895; Pandectes franç., 1896, 1, 461.
Le même arrêt a décidé aussi, contrairement à l'opinion de
Demolombe et de certains auteurs, que l'on ne saurait demander
la suppression de l'exhaussement en se fondant sur ce qu'il ne
serait pas construit sur toute l'épaisseur du mur ni en matériaux
identiques à ceux du mur.

mais l'hypothèse inverse peut aussi se présenter. Que décider alors s'il est nécessaire de reconstruire le mur afin de l'exhausser ? — Pour résoudre cette question, il importe de faire une distinction :

Ou bien le mur est dans un état de vétusté tel que sa reconstruction s'impose indépendamment de tout projet d'exhaussement.

Ou au contraire, il est « bon et de durée » suivant l'expression de la Coutume de Paris (art. 196), c'est-à-dire capable de répondre encore un certain temps à sa destination.

Examinons séparément chacune de ces hypothèses.

Première Hypothèse.

Le mur a besoin d'être reconstruit ; il est, tel qu'il est, impossible de le conserver sans péril ; sa démolition est urgente, elle doit être faite immédiatement dans l'intérêt même de tous les communistes.

Dans ce cas, le copropriétaire qui veut exhausser, peut sans aucun doute exiger la reconstruction du mur et forcer son voisin à supporter une part des frais proportionnelle à son droit (art. 655). Il serait profondément injuste que ce dernier profitât de la situation de son communiste, obligé d'exhausser, pour lui faire payer entièrement la reconstruction.

Nous laissons de côté, bien entendu, le cas où le mauvais état du mur proviendrait de l'un des voisins ; — car ce serait alors le voisin coupable qui devrait supporter seul toutes les dépenses occasionnées par les travaux de démolition et de reconstruction. —

De même, si le communiste qui se propose d'exhausser, a besoin d'un mur plus épais et plus solide que ne l'était l'ancien, il est évident qu'il devra payer seul ce qu'il en coûtera de plus, et que l'excédent d'épaisseur se prendra de son côté.

Notons enfin qu'il faudrait recourir à une expertise, s'il s'élevait une contestation sur la nécessité de la reconstruction.

Quand le mur est reconstruit, nous retombons alors dans l'hypothèse prévue par l'article 658. Par conséquent, les règles formulées en étudiant cet article s'appliqueront entièrement, si l'exhaussement est pratiqué.

DEUXIÈME HYPOTHÈSE.—*Le mur ne menace pas ruine.*

C'est le cas où le mur, bien que défectueux, est encore suffisant pour l'usage auquel il est destiné. Son état de vétusté n'est pas assez avancé, sa ruine pas assez prochaine pour que les experts prononcent que la reconstruction s'impose ; il peut durer encore un certain temps.

Dans cette hypothèse, la reconstruction n'a plus lieu dans l'intérêt des deux voisins, mais seulement dans l'intérêt de celui qui veut exhausser le mur. Ce dernier devra donc en supporter tous les frais, conformément à l'adage : *ubi emolumentum, ibi debet esse onus.* C'est d'ailleurs ce que nous dit l'article 659 : « Si le mur mitoyen n'est pas en état de supporter l'exhaussement, celui qui veut l'exhausser doit le faire reconstruire en entier à ses frais, et l'excédent d'épaisseur doit se prendre de son côté. »

Mais ici il n'est plus question d'indemnité de surcharge au profit du voisin non reconstructeur, — et cela se comprend, car si le mur est surchargé, il est neuf, plus solide, probablement plus épais, et par suite, les réparations ne seront pas plus fréquentes.

En quoi consistent exactement les frais de reconstruction que l'article 659 met à la charge du copropriétaire qui exhausse? — Il importe de le savoir, car c'est à ces frais qu'est limitée, d'après la loi, sa part contributive dans les dépenses. Dès lors, toutes dépenses autres que celles de reconstruction, d'une facon générale, toutes autres conséquences des travaux resteront à la charge du propriétaire qui les subit, sans aucun recours contre le reconstructeur. Celui-ci, en effet, ne fait qu'user de son droit, quand il exécute les travaux nécessaires pour l'exhaussement du mur: or, *neminem lædit qui suo jure utitur*.

Il y a certains points qui ne laissent place à aucun doute sérieux. C'est ainsi qu'il faut considérer comme devant être supportés exclusivement par le constructeur;

1) Les frais occasionnés par les travaux de démolition, car la reconstruction comprend nécessairement, comme préalable, la démolition ;

2) Le coût du nouveau mur ;

3) Les frais faits pour étayer la maison du voisin, ou pour rétablir son toit[1] ;

4) Les frais de l'expertise à laquelle il aurait été procédé par application de l'article 662.

A l'inverse, ne sont point des frais de reconstruction

---

1. Paris, 15 décembre 1875, Dalloz, 1876, 2, 1 ; Paris, 24 mars 1874, D. 1876, 2, 3.

et par suite doivent rester à la charge du copropriétaire qui les subit :

1) La gêne et les embarras éprouvés par lui, tant qu'ont duré les travaux, au point de vue de son habitation personnelle, l'obligation de déménager ses meubles d'une pièce dans une autre, par exemple (Paris 4 mai 1813, S. 1814, 2, 88.)

2) La perte subie par lui dans son commerce, à raison des dits travaux. « L'état de maître paumier qu'a mon voisin, dit Pothier (Société n° 215), ne doit pas me rendre plus onéreux un droit de communauté au mur [1]. »

Ces solutions sont généralement admises sans difficulté. Mais que décider des frais de raccord et des travaux d'appropriation intérieure ? Sont-ce des frais de reconstruction ?

Par qui doit être supportée, en définitive, la réduction que le propriétaire non constructeur est obligé d'accorder à ses locataires pour privation de jouissance?

Ces questions ont été l'objet d'assez vives controverses.

a) Pour résoudre la première, celle de savoir par qui doivent être supportés les frais de raccord et autres travaux d'appropriation intérieure, il importe selon nous, de faire une distinction.

Ou bien il s'agit de raccords ordinaires et indispensables, et alors les frais qu'ils entraînent sont à la charge

---

1. Le Code civil espagnol, article 577, et le Code civil italien, article 554, mettent à la charge du constructeur, la réparation du préjudice même temporaire que causent les travaux d'exhaussement.

— 99 —

du reconstructeur, car ces raccords sont le complément indispensable de la reconstruction. Ainsi en serait-il, par exemple, des dépenses nécessaires pour rétablir dans leur ancien état les espaliers du voisin[1], ou les ornements de minime valeur que l'on peut sans imprudence appliquer contre un mur mitoyen.

Ou bien, au contraire, il s'agit de réfections s'appliquant à des travaux d'art ou à des ouvrages d'une nature exceptionnelle, et dans ce cas, le reconstructeur n'est soumis à aucune obligation, car il faut tenir compte de la servitude de voisinage qui force tout voisin à prévoir les entreprises possibles à faire par le propriétaire contigu au mur séparatif, suivant ses besoins et conformément à son droit. S'il plaît à l'un des voisins de faire, de son côté, pour sa convenance personnelle, des travaux décoratifs d'un très grand prix, par exemple de revêtir le mur de sculptures, de peintures et dorures artistiques, le constructeur ne doit être tenu équitablement, selon nous, que de faire le ravalement du mur[2]. En faisant exécuter ces travaux d'art, le voisin a commis une imprudence, car il savait que son copropriétaire avait le droit de démolir le mur, et par suite il subira les conséquences de leur destruction occasionnée uniquement par la reconstruction et sans qu'il y ait aucune faute à reprocher au constructeur. Penser le contraire et forcer le constructeur à payer une indemnité en raison de la valeur des sculptures et peintures détruites, ce serait souvent rendre impossible l'exercice du droit de reconstruire,

1. Paris, 24 novembre 1874, S. 76, 2, 109.
2. Toullier, t. III, n. 209.

puisque ce serait accroître dans une mesure souvent exorbitante les frais de reconstruction.

Que l'on n'objecte pas les termes de l'article 1382 du Code civil. — Cet article en effet ne vise aucunement l'hypothèse qui nous occupe. Il porte sans doute que tout fait quelconque de l'homme qui cause préjudice à autrui, oblige celui « par la faute » duquel il est arrivé, à le réparer ; — mais ce n'est pas le cas ici. Le voisin qui a fait démolir et réédifier le mur pour ses besoins, n'a commis aucune faute ; — il n'a fait qu'user de son droit, et qui use de son droit, ne lèse personne.

Nous n'admettons donc pas que le constructeur soit tenu de rétablir chez son voisin, sans distinction, tous objets ou adossements quelconques appuyés à l'ancien mur. C'est aussi la solution de la jurisprudence et de la majorité de la doctrine[1].

b) Si nous supposons maintenant que la reconstruction du mur, en vue de l'exhaussement, a rendu inhabitable la maison voisine, ou tout au moins ce qui forme le logement du preneur et de sa famille, le bail pourra être résilié sur la demande de ce preneur (art. 1724). De même si au lieu de rendre la maison inhabitable, les travaux de reconstruction troublent le locataire dans sa jouissance pendant un certain temps, celui-ci aura droit à une indemnité[2].

Est-ce que le bailleur obligé ainsi de subir la résilia-

---

1. DEMOLOMBE, XI, n° 405 ; Paris, 15 décembre 1875, D. 76, 2, 2 ; Paris, 15 décembre 1873, D. 76, 2, 3 ; — Paris, 24 mars et 24 novembre 1874, D. 76, 2, 4.
2. Paris, 30 décembre 1864, S. 65, 2, 133.

tion du bail ou de consentir à une réduction de loyer, ne pourra pas obtenir du constructeur, réparation de ce préjudice ?

Nous ne le pensons pas ; l'article 659 ne met à la charge de l'auteur de l'exhaussement que les frais de reconstruction ; il n'entend donc point lui faire supporter d'autres indemnités. Du reste, comme le fait observer M. Guillouard « la présence d'un locataire dans la maison voisine ne peut rendre plus onéreux le droit qui lui appartient de démolir ou de reconstruire le mur mitoyen. Enfin, l'occupant de cette maison voisine, quel qu'il soit, propriétaire ou locataire, ne peut se plaindre du tort qu'on lui cause, — car il supporte l'exercice d'une servitude légale, réciproque, qui constitue la manière d'être des propriétés séparées par un mur mitoyen, et qui sera demain un avantage pour l'immeuble qui en souffre aujourd'hui[1].»

Il est possible, sans doute, que le bailleur subisse, par le fait même de la reconstruction, un préjudice considérable, mais il ne peut en rendre responsable le constructeur. En reconstruisant, en effet, le propriétaire mitoyen n'a fait qu'user de son droit. Il faut donc appliquer le principe fondamental de toute notre législation, d'après lequel celui qui use d'un droit n'est pas responsable du préjudice éprouvé par autrui à raison de l'exercice de ce droit : « *Neminem lædere videtur qui suo jure utitur*[2] ».

C'est encore par application de ce principe qu'il a

1. GUILLOUARD, I, 181.
2. Paris, 8 mai 1868, S. 68, 2, 338 ; 15 décembre 1875, S. 76, 2, 109 ; — 24 mars 1879, S. 79, 2, 137.
En sens contraire : LAURENT, t. VII, n° 561.

été jugé que le voisin qui fait surhausser le mur mitoyen, n'est pas tenu de prolonger jusqu'à la sommité de l'exhaussement, les tuyaux de cheminées que l'autre voisin a incorporés dans ce mur. Ils doivent être dévoyés et ramenés sur le parement de la surélévation aux frais du propriétaire à qui ils appartiennent, ce propriétaire payant en outre la mitoyenneté de l'exhaussement[1].

Cette solution, si dure qu'elle paraisse, n'est que la conséquence rigoureuse du principe.

De tout ce qui précède, il résulte donc que la reconstruction du mur, en vue de l'exhaussement, peut causer parfois au voisin des dommages considérables à raison desquels aucune indemnité ne lui est due. Aussi les travaux doivent-ils être exécutés sans négligence, avec célérité et de manière à atténuer autant que possible les incommodités qu'ils entraînent. — Le voisin aurait même le droit de faire déterminer l'époque à laquelle ils devraient être terminés. Il pourrait encore s'opposer à la reconstruction du mur, si elle n'est pas indispensable, et soutenir par exemple que l'on peut arriver au même résultat en donnant seulement au mur plus d'épaisseur, tout en le laissant subsister. — Ce sont là des restrictions qui constituent un tempérament très sage, apporté à la rigueur des principes.

C) Connaissant les obligations qu'imposent la reconstruction et l'exhaussement du mur mitoyen, il nous faut maintenant, pour être complet, indiquer quels sont les droits respectifs des deux voisins, sur le nouveau mur ainsi reconstruit et exhaussé.

---

1. Orléans, 6 décembre 1881, S. 82, 2, 32; BAUDRY-LACANTINERIE, *Des Biens*, p. 690.

a) Tout d'abord il est certain que ce mur est mitoyen jusqu'à la hauteur ancienne, et dans toute son épaisseur, si cette épaisseur est la même qu'auparavant. D'où ces conséquences :

1) Le constructeur, bien qu'ayant payé les frais du nouveau mur, n'en est pas, jusqu'à l'ancienne hauteur, propriétaire exclusif. Il n'a sur cette partie que les droits d'un copropriétaire mitoyen, et par suite, il ne peut notamment y ouvrir des jours de souffrance.

2) En retour, il ne sera pas tenu de payer seul les réparations qui, dans la suite, deviendront nécessaires à cette partie ; il aura le pouvoir de contraindre son voisin à y participer dans la mesure de son droit, sauf à celui-ci la faculté d'abandonner la mitoyenneté s'il trouve les dépenses trop élevées. — Le constructeur n'est même pas obligé, à raison de la surcharge qu'impose l'exhaussement à cette portion du mur, de prendre à son compte une part plus grande que l'autre propriétaire, dans les frais de réparation.

3) Le voisin continuera à user du mur nouveau, mais seulement jusqu'à l'ancienne hauteur, dans les conditions où il le faisait avant la reconstruction. Il aura également la faculté de modifier cet usage ; ainsi par exemple, il pourrait adosser un bâtiment à la portion ci-dessus indiquée, alors même que le mur ne lui aurait servi jusqu'alors que de clôture. Mais dans ce cas il devrait rembourser à son copropriétaire la moitié des frais que lui a coûtés la reconstruction, car il serait inique qu'il pût, sans bourse délier, profiter ainsi de cette reconstruction.

Que décider, si le nouveau mur est plus épais que l'ancien ? L'excédent d'épaisseur sera-t-il mitoyen ?

La plupart des auteurs soutiennent l'affirmative, tout en admettant cependant que l'excédent de terrain reste la propriété exclusive de celui qui l'a fourni.

Cette doctrine ne nous semble pas exacte, et nous croyons, au contraire, que le mur ne devient pas plus mitoyen dans la partie ajoutée que le sol sur lequel elle est édifiée, conformément au principe de notre droit d'après lequel — « tout ce qui s'unit au sol appartient au propriétaire de ce sol » — (art. 546). Le constructeur ayant la propriété exclusive de l'excédent de terrain, doit avoir aussi la propriété exclusive de la portion de mur qui repose sur ce terrain. Pour qu'il en fût autrement, il faudrait que le législateur eût apporté, sur le point qui nous occupe, une dérogation au principe que nous venons de citer, — or, il ne l'a point fait. — Aussi, nous pensons avec Marcadé, « que le voisin ne pourrait pas placer des poutres dans toute l'épaisseur actuelle moins cinquante-quatre millimètres, mais qu'il pourrait le faire dans toute l'épaisseur ancienne sans être tenu de réserver ces cinquante-quatre millimètres sur cette ancienne épaisseur. En effet, la seule raison pour laquelle l'article 657 réserve ces cinquante-quatre millimètres du côté voisin, c'est uniquement que le parement du mur ne soit pas désagrégé, et il est clair que cette raison n'existe pas ici. Que si, après que ce voisin aura fait placer ces poutres, l'autre en voulait mettre aussi sur le même point, c'est évidemment jusqu'au milieu de l'épaisseur mitoyenne et non pas de l'épaisseur totale que les premières devraient être réduites[1]. »

1. MARCADÉ, t, I, sur l'article 659.

b) En ce qui concerne la partie exhaussée, il faut décider qu'elle appartient entièrement à celui qui l'a fait construire. Elle est sa propriété exclusive, comme cela résulte clairement des articles 658 et 660.

D'où ces conséquences :

1) Le constructeur est seul tenu de payer les réparations nécessaires à l'exhaussement (art. 658).

2) Par contre, il aura le droit d'exercer sur cette partie exhaussée tous les droits qu'un propriétaire peut exercer sur un mur non mitoyen. C'est ainsi par exemple qu'en observant les conditions imposées par les articles 676 et 677 du Code civil, il pourra y pratiquer des jours de souffrance[1].

La Cour de Douai dans un arrêt du 17 février 1810, (S. 1813, 2, 29) a pourtant jugé le contraire, mais sa doctrine a été depuis longtemps abandonnée.

3) A l'inverse le voisin n'a aucun droit sur l'exhaussement, mais il peut toujours, aux termes de l'article 660, « en acquérir la mitoyenneté en payant la moitié de la dépense qu'il a coûté, et la valeur de la moitié du sol fourni pour l'excédent d'épaisseur, s'il y en a. »

Cette disposition, on le voit, ressemble beaucoup à celle de l'article 661, — aussi, d'une manière générale, les règles que nous avons posées en étudiant cet article, reçoivent-elles ici leur application. Il y a toutefois entre l'article 660 et l'article 661 une différence très importante en ce qui concerne la détermination du prix à

---

1. Le Code civil italien refuse ce droit au constructeur. Il dispose dans son article 586 que, « celui qui a exhaussé le mur mitoyen, ne peut ouvrir des jours ou fenêtres dans la partie exhaussée, à laquelle le voisin n'a pas voulu contribuer. »

payer par l'acquéreur de la mitoyenneté. Tandis en
effet que l'article 661 n'oblige celui qui veut acquérir
la mitoyenneté d'un mur appartenant à son voisin,
qu'à payer la moitié de la *valeur* du mur ou de la
portion qu'il veut rendre mitoyennne, l'article 660
l'oblige à payer non plus la moitié de la valeur de l'exhaussement, mais la moitié *du prix qu'il a coûté*. Or,
ce prix est presque toujours supérieur à la valeur, car
il comprend non seulement le coût de la construction
proprement dite, mais encore toutes les dépenses qu'il
a fallu faire pour pouvoir construire la partie exhaussée.
Quelle est la raison de cette différence ? — Le législateur a voulu par là déjouer la spéculation peu loyale
du voisin, qui, ayant intérêt à l'exhaussement tout aussi
bien que son copropriétaire, laisserait ce dernier construire, prendre ainsi à sa charge tous les frais, dans
le secret dessein de s'approprier ensuite la partie
exhaussée, aussitôt la construction faite, au moyen
d'une estimation d'experts toujours arbitraire et le plus
souvent inférieure au prix qu'elle a coûté. Cette pré-
voyance de la loi au contraire, nous dit Duranton,
« ne trouvait point d'application au cas d'un mur appartenant exclusivement à l'un des voisins ; l'autre n'avait
point à contribuer à sa construction, du moins hors
des villes et faubourgs ; en payant donc la moitié de
la valeur actuelle, il paie tout ce qu'il reçoit[1] ».

Le but de l'article 660 étant ainsi de parer à une
fraude possible, la plupart des auteurs en concluent
que sa disposition n'est plus applicable dans les cas où
il est certain qu'aucune idée de spéculation malhonnête

1. DURANTON, t. V, n° 334.

n'a pu exister dans l'esprit de celui qui désire acquérir la mitoyenneté. C'est par exemple longtemps, fort long_temps après les travaux que le voisin veut faire l'acquisition et à une époque où l'exhaussement, par suite de vétusté, se trouve dans un état lamentable. Il est évident, disent-ils, que ce voisin n'aura plus alors à payer la moitié du coût de l'exhaussement, mais seulement la moitié de sa valeur actuelle [1].

Cette théorie est sans doute très équitable, mais elle n'est pas juridique. Elle ne résiste point à la lecture de l'article 660, lequel est formel et ne permet aucune distinction. En outre, elle a le grave défaut de conduire à l'arbitraire : à quel moment en effet la construction sera-t-elle assez ancienne pour pouvoir écarter tout soupçon de spéculation ?

Il est donc plus sage de s'incliner devant le texte de l'article 660 et d'appliquer la règle qu'il édicte dans toutes les hypothèses ; sinon, on cesserait d'interpréter la loi pour la corriger. C'est le cas de répéter : « *Dura lex, sed lex* [2]. »

III. — **Limite des droits résultant de la mitoyenneté.**

Le droit de bâtir contre le mur mitoyen, le droit d'y placer des poutres et solives, et le droit de l'exhausser ne sont pas les seuls droits qui appartiennent à chacun des copropriétaires. Ils peuvent encore, d'une

1. MARCADÉ, t. II, p, 592 ; DEMOLOMBE, t. XI, n. 376 ; DURANTON, t. V, n. 334 ; DEMANTE, t. II, n. 515 *bis*.
2. BAUDRY-LACANTINERIE, *Des Biens*, n. 967 ; TOULLIER, t. III, n. 205 ; LAURENT, t. VII, n. 564.

manière générale, nous l'avons dit, se servir du mur
pour tous les autres usages auxquels il est naturellement
destiné. — Chacun d'eux pourrait même lui donner
plus de profondeur souterraine. Le droit d'exhausser
en effet suppose le droit de creuser, car le travail en
profondeur est souvent indispensable pour parvenir à
un exhaussement qui offre des garanties de solidité.

Mais ne l'oublions pas, la mitoyenneté n'est qu'une
copropriété avec indivision forcée. Il est donc impossible
qu'elle donne des droits aussi absolus que la propriété
exclusive.

A) C'est ainsi que l'un des copropriétaires ne doit
pas, quand il se sert du mur mitoyen, en compromettre
la solidité, ni porter préjudice aux droits de son voisin.
Le tribunal civil de Périgueux, par un jugement en
date du 1ᵉʳ décembre 1894, a décidé avec raison qu'un
tiers ne peut utiliser le mur à aucun titre sans le consentement *des deux* propriétaires[1].

B) De même, c'est pour sauvegarder les droits réci-
proques des copropriétaires que l'article 662 déclare que
l'un des voisins ne peut pratiquer dans le corps d'un mur
mitoyen aucun enfoncement ni y appliquer ou appuyer
aucun ouvrage, sans le consentement de l'autre, ou
sans avoir, à son refus, fait régler par experts les moyens
nécessaires pour que le nouvel ouvrage ne soit pas nuisible aux droits de l'autre. » — Ainsi donc, d'après l'article 662, nécessité du consentement, ou à défaut, expertise, pour pratiquer des enfoncements dans le mur
mitoyen, ou y appuyer des ouvrages. — Ce texte qui
est le texte de principe est conçu en termes très géné-

1. Droit, 15 décembre 1894.

raux. Par suite, sa disposition s'applique à toute espèce d'innovations, même aux travaux dont s'occupent les articles 657, 658 et 659, c'est-à-dire aux constructions faites contre le mur mitoyen et à l'exhaussement de ce mur.

Un certain nombre d'auteurs et d'arrêts [1] ont pourtant admis que l'article 662 ne réagit pas sur les articles 657, 658 et 659. Ces articles, dit-on, accordent la faculté absolue de faire certains travaux et ils donnent ce droit sans condition ni réserve. Ils sont muets notamment en ce qui concerne le consentement et l'expertise. Il en résulte qu'il est impossible de contraindre ceux qui veulent exécuter ces travaux à se conformer aux prescriptions de l'article 662. Tel est à peu près l'exposé de l'opinion adverse.

Quant à nous, encore une fois, nous rejetons cette solution conforme cependant à la jurisprudence de la Cour de cassation. Les termes de l'article 662, en effet, sont aussi généraux que possible, et de plus, à bien en approfondir le sens, ils visent directement les articles précités. — Quand l'article 657 prévoit le cas où le voisin enfonce des poutres ou solives dans le mur mitoyen et celui où il bâtit contre ce mur, ces mots de l'article 662 : « l'un des voisins ne peut pratiquer aucun enfoncement ni y appliquer aucun ouvrage, » ne se réfèrent-ils pas exactement à l'article 657 ? De même pour l'article 658 : exhausser le mur, n'est-ce pas y appuyer un ouvrage ? — Il y a donc, on le voit, entre tous ces textes une relation très étroite.

---

1. MOURLON, t. I, p. 779; LAURENT, t. VII, n° 553; DURANTON, t. V, n° 335 ; Cass. 18 avril 1866 (S. 1866, 1, 430).

Du reste, comment admettre que la loi qui réclame le consentement du voisin ou une expertise pour faire contre le mur un ouvrage de minime importance, cesserait de l'exiger quand il s'agit de travaux plus considérables tels que la reconstruction ou l'exhaussement du mur, alors surtout que ces travaux peuvent causer au voisin non seulement des ennuis, mais encore parfois un préjudice sérieux ? Le voisin serait donc privé de protection, dans les cas où précisément il aurait le plus besoin d'être protégé ? C'est inadmissible [1].

Il est donc de règle que rien ne doit être entrepris par l'un des copropriétaires, dans ou sur le mur mitoyen sans que le voisin ait été au préalable avisé officiellement des projets à exécuter. Celui qui veut innover devra, dans tous les cas, avertir son copropriétaire verbalement ou par lettre, du jour et de l'heure où commenceront les travaux. Cet avertissement nécessaire trouve sa justification dans ce fait que le voisin peut avoir à prendre certaines précautions pour se garantir d'un dommage quelconque, et dans ce fait encore qu'il peut avoir intérêt à faire constater l'état du mur ou à revendiquer certaines servitudes de vue, de passage, etc.

Si ce voisin, ainsi averti, donne son consentement aux travaux, toute difficulté disparaît ; — s'il le refuse, au contraire, son opposition n'aura qu'un résultat, celui d'obliger son adversaire à recourir à une expertise. Ce dernier devra alors assigner l'opposant en

---

1. DEMOLOMBE, t. XI, n° 416 ; AUBRY et RAU, t. II, § 222, texte et note 32 ; MARCADÉ, t. II, sur l'article 662 ; DEMANTE, t. II, n° 506 *bis* ; TOULLIER, t. III, n° 206.

référé pour faire nommer un expert, ou bien l'inviter,
par sommation extrajudiciaire, à se présenter sur les
lieux, à un jour fixé, avec son expert, pour régler
définitivement la question. S'il y a arrangement, les
frais resteront tout entiers à la charge de celui qui
exécute les travaux. Au contraire, si le voisin prévenu
laisse la sommation sans réponse ou si l'accord n'est
pas possible, il faudra recourir à une expertise judiciaire, et dans ce cas, le voisin supportera tous les frais
occasionnés par son refus si les offres du demandeur
sont validées par les experts.

Maintenant, si nous envisageons l'hypothèse inverse,
et si nous supposons qu'il n'y a pas eu d'avertissement
amiable ou judiciaire, si en un mot celui qui innove
n'a pas observé les prescriptions de la loi, le voisin
menacé a le droit de faire cesser immédiatement tous
travaux en signifiant d'abord un acte extrajudiciaire,
et ensuite, si cela ne suffit pas, en assignant son copropriétaire en référé pour faire nommer un expert à l'effet
de constater les travaux indûment entrepris, le dommage
causé, et de diriger la construction projetée[1]. Toutefois
si une telle assignation avait été lancée sans motif
suffisant et que l'expertise démontrât qu'aucun des
ouvrages soumis à l'article 662 n'avait été pratiqué, le
tribunal devrait faire supporter au demandeur les frais
de l'instance[2].

Après avoir fait vérifier la nature des travaux
irrégulièrement entrepris, le tribunal serait libre d'ordonner, « selon les circonstances, avec ou sans dom-

1. Cass., 20 novembre 1876, S. 77, 1, 149.
2. Cass., 7 avril 1858, S. 58, 1, 440.

mages-intérêts, soit la destruction, soit la modification des ouvrages achevés ou inachevés[1] ».

Bien que l'article 662 soit rédigé en termes absolus, il ne faut pourtant pas l'interpréter d'une façon trop rigoureuse. Quand il ne s'agit que de légers travaux dont l'exécution faite avec précaution et soin ne peut occasionner aucune gêne ni aucun dommage au voisin, on s'accorde généralement pour décider qu'il n'est pas nécessaire à celui qui veut les entreprendre, de provoquer une expertise. Il lui suffit de dénoncer au voisin, par huissier, s'il y a lieu, après l'avoir fait d'abord par lettre, l'énumération des travaux projetés et d'attendre que ce voisin prenne position. S'il ne s'oppose pas régulièrement aux travaux, on peut passer outre à son silence.

C) Enfin, de cette idée que la mitoyenneté ne donne pas des droits aussi étendus que la propriété exclusive, nous pouvons encore tirer ces conséquences :

1) L'un des copropriétaires ne pourrait pas abaisser le mur mitoyen, ni en réduire l'épaisseur. Ce sont là des innovations très graves que la loi n'autorise pas et pour lesquelles il faudra nécessairement le consentement du voisin.

2) De même, aux termes de l'article 675 « l'un des voisins ne peut, sans le consentement de l'autre, pratiquer dans le mur mitoyen, aucune fenêtre ou ouverture, en quelque manière que ce soit, même à verre dormant. » — Le consentement du voisin est ici

1. Cass., 20 novembre 1876 (précité)— Baudry-Lacantinerie, *Des Biens*, p. 696.

indispensable ; on ne pourrait pas y suppléer par les moyens indiqués dans l'article 662.

Si pourtant, malgré cette prohibition de la loi, de telles ouvertures étaient pratiquées, elles n'en constitueraient pas moins une servitude, susceptible de s'acquérir par prescription[1].

1. Cass., 15 juin 1881, S. 83. 1, 401.

CHAPITRE II

DES OBLIGATIONS QUI DÉRIVENT DE LA MITOYENNETÉ

Le principe en cette matière a été ainsi formulé par Pothier : « La communauté du mur mitoyen forme entre ceux auxquels il appartient en commun, les mêmes obligations que forme la communauté des autres choses. » D'où, notamment cette conséquence que les copropriétaires sont tenus de réparer et de reconstruire le mur mitoyen, car toute copropriété impose à ceux qui y ont droit, l'obligation de réparer et de rétablir, s'il y a lieu, la chose commune.

A) D'ailleurs, l'article 655 s'exprime en ces termes : « La réparation et la reconstruction du mur mitoyen sont à la charge de tous ceux qui y ont droit et proportionnellement au droit de chacun. » — L'étendue des obligations de chaque voisin est donc calquée sur l'étendue de la jouissance de chacun d'eux, à défaut d'arrangement spécial. — C'est ainsi, par exemple, que si le mur n'est mitoyen que jusqu'à une certaine hauteur, il n'y aura à partager par moitié que les frais afférents à cette partie mitoyenne. Ceux qui ont trait à la partie supérieure resteront à la charge de celui qui en a la propriété exclusive. — Si le mur est au contraire mitoyen dans toute son étendue, chacun des communistes paiera la moitié des frais.

Cette règle est de toute équité ; mais pour qu'elle s'applique, il faut évidemment supposer que les réparations ou reconstructions ne sont pas occasionnées par le fait ou l'incurie de l'un des copropriétaires. Dans ce cas, le voisin coupable devrait seul supporter tous les frais, d'abord, parce qu'il est de principe que chacun des communistes doit apporter à la chose commune les soins d'un bon père de famille, ensuite, en vertu de l'article 1382. En outre des frais occasionnés par les réparations ou la reconstruction, frais qui seront à sa charge, il devra encore indemniser son copropriétaire de toutes les conséquences dommageables de ces travaux, telles que privations de jouissance, dégâts résultant du dépôt des matériaux, etc. — Quand, au contraire, les réparations ou la reconstruction ne sont pas dues à la faute de l'un des voisins, les divers dégâts ou dommages qui en proviennent, restent au compte de celui des copropriétaires qui les subit.

Nous supposons donc que l'état défectueux du mur est le résultat de la vétusté, d'un cas fortuit ou de toute autre cause qui ne saurait être mise directement à la charge de l'un des propriétaires. Les frais se partageront alors entre les communistes proportionnellement au droit de chacun, mais à condition, bien entendu, que le voisin qui prend l'initiative des travaux s'accorde avec son voisin, ou à défaut d'accord, l'actionne en justice à l'effet de faire nommer des experts qui examineront l'état du mur et décideront s'il y a lieu de reconstruire ou seulement de réparer. Si l'un des copropriétaires procédait à la réparation ou à la reconstruction du mur, sans avoir obtenu le consentement de son voisin ou provoqué une expertise, le montant total des frais lui incomberait.

Il est bon de noter que, pour des raisons d'équité, l'un des communistes ne peut entraîner son copropriétaire dans des dépenses excessives, alors même que la reconstruction aurait été reconnue nécessaire. — Ce qui est mis à leur charge, c'est, en effet, le rétablissement du mur mitoyen, c'est-à-dire du mur qui existait ; — par conséquent, si on reconstruit, le nouveau mur devra être la reproduction de l'ancien, quant aux dimensions en hauteur et épaisseur, et quant à la qualité des matériaux (art. 210, Coutume de Paris, POTHIER, *Société*, n. 222). — Pothier dit cependant que si, par une mauvaise économie, le mur avait été originairement construit avec des matériaux de qualité inférieure, on devrait dans la reconstruction en employer de bons ; question à trancher encore par les experts. — Mais, d'une manière générale, les juges ne pourraient décider que le mur sera reconstruit suivant les règles de l'art, sous la direction d'un architecte commis et avec des matériaux dont la valeur serait déterminée par cet architecte[1].

Le voisin qui y aurait intérêt, pourrait pourtant faire exécuter les travaux de manière à rendre le nouveau mur plus solide que l'ancien, mais dans ce cas,

1. Caen, 28 février 1857, S. 57, 2, 576.

évidemment, l'excédent de dépenses resterait à sa charge.

Est-ce seulement quand le mur menace ruine qu'il est permis de le reconstruire ? Non ; sa démolition et sa reconstruction peuvent encore avoir lieu quand l'un des voisins le trouve insuffisant pour supporter l'exhaussement ou les constructions nouvelles qu'il se propose d'élever. Toutefois, il ne suffit pas qu'il déclare vouloir construire pour être autorisé à démolir, il devra encore, à défaut d'entente avec son copropriétaire, faire constater par expert que le mur n'est pas en état de supporter les nouvelles constructions qu'il veut y appuyer. Mais une fois qu'il sera prouvé que le mur est insuffisant, le copropriétaire pourra faire démolir et procéder à la reconstruction dans les conditions qu'il lui plaira.

Les frais, dans cette hypothèse, ne sauraient être partagés par moitié, car la reconstruction n'a plus lieu dans l'intérêt commun des deux propriétaires, mais seulement dans un intérêt exclusif ; dès lors, le constructeur sera tenu en principe de supporter tous les frais. Il n'est pas admissible en effet que l'un des communistes puisse ainsi imposer à l'autre, une charge suivant son caprice et dans son intérêt personnel.

Cette solution est admise par la jurisprudence (Cassation 18 mars 1872, S. 72, 1, 213 ; — 17 novembre 1875, S. 76, 1, 28) Orléans, 26 mars 1895, D. 95, 2, 239).

La jurisprudence applique même ce principe avec une rigueur excessive, car dans certains cas il nous semblerait plus équitable, tout en laissant au constructeur la grosse part des frais, d'y faire participer dans une certaine mesure le copropriétaire qui profite ainsi indirectement de la reconstruction. Lorsque le mur, par exemple, est déjà vieux et presque insuffisant à sa destination première, nous serions portés à croire avec M. Baudry-Lacantinerie que l'autre voisin devrait, dans les frais de reconstruction, supporter une part contributoire calculée en tenant compte des services que le mur aurait encore pu rendre et de l'anticipation de dépenses qui lui est imposée[1]. — Cette doctrine avait été admise par un certain nombre d'arrêts[2], mais, la jurisprudence semble depuis, avoir abandonné ce tempérament d'équité, pour s'en tenir rigoureusement au principe[3].

Au sujet des réparations et reconstruction du mur une hypothèse assez délicate peut se présenter. Supposons que l'un des communistes ait fait pour son voisin l'avance des frais. Celui-ci ne rembourse pas, mais il cède à un tiers tous ses droits de mitoyenneté. Le communiste qui a avancé les fonds peut-il agir pour obtenir son remboursement contre le tiers détenteur, contre l'acquéreur de celui qui au moment des travaux était son copropriétaire ? Cette question se rapproche sous certains rapports de celle que nous avons examinée, en recherchant quelle action était accordée au propriétaire d'un mur pour obtenir le paiement d'un compte de mitoyenneté. — La Cour de cassation,

1. Baudry-Lacantinerie, *Des Biens*, pr. 698.
2. Paris, 30 décembre 1864, S. 65, 2, 133 ; — 5 février 1868, S. 68, 2, 237 ; — 8 mai 1868, S. 68, 2, 338.
3. Cass., 18 mars 1872, S. 72, 1, 213.
Si le mur était dans un état de ruine imminente, on admet cependant que les frais se partageraient par moitié. Paris, 15 janvier 1876, D. 77, 2, 7. — Du reste, les règles que nous avons posées en parlant de l'exhaussement, s'appliquent également quand le mur est reconstruit en vue de constructions nouvelles.

dans un arrêt rendu le 21 mars 1843 [1] à la suite d'un rapport de M. Troplong, a déclaré que l'action en remboursement était réelle et qu'elle pouvait, par conséquent, être intentée contre le tiers détenteur. Celui-ci aurait alors l'alternative de payer ou délaisser le mur, payer ou renoncer à la mitoyenneté.

Cette solution, à notre avis, ne peut être admise. L'action en effet qui appartient au constructeur, pour obtenir son remboursement, a pour objet une somme d'argent ; elle ne saurait donc être réelle, elle est au contraire essentiellement personnelle, d'autant plus qu'elle résulte d'une gestion d'affaires.

Sur quoi se base la Cour de cassation pour admettre la réalité de cette action ? Sur ce qu'aux termes de l'article 656 le tiers détenteur serait tenu, faute de paiement par lui de la portion des frais due par son vendeur, d'abandonner la mitoyenneté.

Or, c'est là une erreur ; l'article 656 ne concerne pas du tout le tiers détenteur. Il ne s'applique qu'à celui, durant la possession duquel, les travaux sont devenus nécessaires.

Une telle constatation suffirait pour conclure contre la théorie de la jurisprudence, mais nous pouvons encore ajouter un argument d'analogie qui nous semble excessivement puissant. Il se présente en effet, en matière de servitude, un cas absolument semblable, lorsque, en vertu d'un titre, le propriétaire du fonds servant se trouve astreint à certains travaux. — L'article 699 qui vise cette hypothèse décide absolument comme l'article 656, que le propriétaire du fonds assu-

---

1. DALLOZ, *Jurisprudence Gén.*, voir Action, n° 124.

jetti peut toujours s'affranchir de la charge en abandonnant le fonds.

Dès lors, il n'est pas sans intérêt de savoir comment la Cour de cassation résout cette question de remboursement des frais qui, nous le répétons, se pose comme dans le cas que nous examinons. Reconnaît-elle au propriétaire du fonds dominant le droit d'actionner le tiers détenteur en paiement des travaux qui ont eu lieu du temps de son vendeur ? Elle s'y refuse énergiquement, et pour cela, elle fait le raisonnement que voici, raisonnement qui nous paraît très juste : « Attendu, en droit, que si les servitudes d'utilité publique peuvent consister en certains travaux mis à la charge du fonds servant, il ne suit pas de là que l'obligation de payer le prix des dits travaux eu tout ou en partie, ne soit pas une dette personnelle du propriétaire qui les a commandés ou pour le compte duquel ils ont été faits, ni que le paiement puisse en être réclamé indistinctement à tout détenteur de l'immeuble assujetti ; — attendu que tel est le droit commun en matière de servitude et notamment dans le cas prévu par l'article 699 » (Cassation, arrêt du 8 janvier 1895, D. 95, 1, 377.)

Cet arrêt a été rendu à la suite des conclusions de M. Rau, avocat général, conclusions où nous lisons ce passage non moins explicite : « Prenons une servitude ordinaire et supposons que le propriétaire du fonds servant soit tenu, par son titre, de faire les ouvrages nécessaires à l'usage et à la conservation de cette servitude. — En présence de la négligence de cet obligé, le propriétaire du fonds dominant fait à sa place un travail devenu nécessaire. — L'immeuble servant est ensuite vendu. — Est-ce que l'entrepreneur ou le propriétaire du fonds dominant pourra s'adresser à l'acquéreur en dehors de toute clause du titre constitutif ou de l'acte de vente, et lui réclamer le prix du travail ? — Assurément non. — L'acheteur serait en droit de répondre : oui, la servitude a suivi l'immeuble acquis par moi, et si des travaux deviennent nécessaires je devrai les exécuter ou en payer le prix. Mais il ne s'agit pas de cela, on me réclame le paiement d'une dette personnelle dérivant de la gestion d'affaires, le droit de suite ne saurait s'y appliquer[1] ». — Nous pouvons invoquer ces arguments en faveur de notre thèse, et puisque, d'après la Cour de cassation elle-même, l'article 699 ne permet pas d'exercer une action en remboursement contre le tiers détenteur, il faut par analogie en dire autant de l'article 656.

Cet arrêt du 8 janvier 1895 nous semble annihiler la solution admise par la jurisprudence dans l'arrêt du 21 mars 1843[2].

B) Les copropriétaires d'un mur mitoyen doivent donc, dans la mesure de leurs droits, participer aux frais de réparation et de reconstruction du mur. Ce sont là des charges qui, parfois, peuvent paraître assez lourdes et ne pas être en rapport avec l'utilité que l'on retire de la mitoyenneté. Dans ce cas, comme chacun des communistes n'est obligé de réparer et de reconstruire que parce qu'il est copropriétaire, il a la faculté de se décharger de ces obligations en abandonnant

---

1. DALLOZ, 1895, 1, 382.
2. En sens contraire, BAUDRY-LACANTINERIE, *Des Biens*, p. 699, en note.

son droit de mitoyenneté. Il est de principe, en effet, que celui qui n'est tenu que *propter rem*, peut se libérer de son obligation en abandonnant la chose.

Cette faculté est proclamée ainsi par l'article 656 : « Cependant tout copropriétaire d'un mur mitoyen peut se dispenser de contribuer aux réparations et reconstructions en abandonnant le droit de mitoyenneté, pourvu que le mur mitoyen ne soutienne pas un bâtiment qui lui appartienne. » Abandonner « le droit de mitoyenneté » c'est renoncer à son droit dans la chose mitoyenne, c'est-à-dire renoncer simultanément au mur et au sol sur lequel il est bâti. L'article 210 de la Coutume de Paris le disait formellement : « Le voisin doit quitter son droit de communauté au mur et à la terre sur laquelle il est assis. » Cela, d'ailleurs, se comprend, car le mur ne peut pas être isolé du sol dont il est un accessoire. — Mais il n'est pas nécessaire que l'abandon porte sur la totalité du mur. Il résulte de l'article 661 que la mitoyenneté est un droit divisible ; — par conséquent, si elle peut s'acquérir par partie, rien n'empêche de l'abandonner par partie. C'est donc avec raison que la Cour de cassation a déclaré dans un arrêt du 3 avril 1865 que le copropriétaire d'un mur mitoyen qui veut se dispenser des réparations à faire dans une partie seulement de ce mur, peut n'abandonner son droit de mitoyenneté que sur cette partie[1].

Reste à savoir si l'abandon du droit de mitoyenneté pour se soustraire aux charges qu'il engendre est toujours permis. — L'article 656 ne met qu'une restriction

----

1. Cass., 3 avril 1865, D. 65, 1, 176.

à l'exercice de cette faculté : il ne faut pas que le mur mitoyen soutienne un bâtiment appartenant à celui qui veut faire l'abandon[1]. Cette restriction se justifie d'elle-même, car il est de principe que l'on ne peut se dispenser de la charge en conservant le droit. Or, c'est ce qui arriverait si l'un des copropriétaires pouvait abandonner la mitoyenneté en conservant son bâtiment. — S'il veut renoncer à ses droits sur le mur mitoyen, il devra commencer par démolir sa construction ; — et dans ce cas il sera responsable des dégâts causés au mur par la démolition. La Cour de cassation a même décidé par un arrêt en date du 16 décembre 1863, qu'il ne suffit pas, pour que l'abandon ait lieu, de prendre l'engagement de démolir ; il faut encore que la démolition ait été vraiment effectuée ; jusque-là la mitoyenneté subsiste avec toutes les obligations qui en résultent[2]. — Quant à l'opinion de M. Demolombe qui prétend que le propriétaire pourrait, sans rien démolir, se soustraire à ses charges, en abandonnant à la fois le mur et le bâtiment[3], nous ne saurions la partager. Il est de règle, en effet, que l'on ne peut devenir propriétaire malgré soi ; l'abandon du bâtiment ne pourrait donc produire effet sans l'assentiment du voisin.

L'exception apportée par l'article 656 à la faculté d'abandon n'est pas la seule qui doive être admise. Elle est fondée, nous l'avons constaté, sur le principe que l'on ne peut se soustraire aux charges de la mitoyenneté

---

1. L'article 549 du Code italien et l'article 575 du Code espagnol proclament la faculté d'abandon avec la même restriction que notre article 656. — Le Code portugais n'en parle pas.
2. Cass., 16 décembre 1863. — DALLOZ, 64, 1, 109.
3. DEMOLOMBE, t. XI, n° 389.

qu'en cessant de bénéficier de ses avantages. Ce principe dont l'article 656, il est vrai, ne fait l'application que pour un cas spécial, doit pourtant s'appliquer à tous les cas analogues. Aussi faut-il refuser la faculté d'abandon au voisin qui fait servir le mur à son usage sans cependant y appuyer de bâtiment[1].

De même, il résulte des règles générales de notre droit, que le propriétaire qui a occasionné par sa faute des réparations ou reconstructions, ne peut, par l'abandon de la mitoyenneté, se soustraire à l'obligation qui pèse sur lui de faire à ses frais ces réparations ou reconstructions. Il s'est rendu coupable d'un quasi-délit ; dès lors il n'est plus tenu seulement *propter rem,* il est tenu personnellement, par suite de la faute qu'il a commise en dégradant le mur[2].

Enfin, l'abandon du droit de mitoyenneté n'est pas possible, à notre avis, si le mur mitoyen clôt deux héritages situés à la ville ou dans les faubourgs. En étudiant la clôture forcée, nous avons dit en effet que l'article 663 reposait sur l'ordre public ; par suite les copropriétaires voisins ne peuvent se prévaloir de la disposition de l'article 656 pour se décharger des obligations qui leur sont imposées. — Cette question, toutefois, on s'en souvient, est l'objet d'une controverse très vive.

En dehors de ces exceptions, comme l'article 656 n'est pas d'ordre public, rien n'empêche les copropriétaires du mur, ou l'un d'eux, de renoncer à la faculté

1. Paris, 4 février 1870, D. 70, 2, 217.
2. L'article 549 du Code civil italien vise spécialement cette hypothèse.

d'abandon ; les conventions conclues en ce sens doivent
être ponctuellement exécutées.

Quel est le résultat de l'abandon de la mitoyenneté ? —
C'est de donner au copropriétaire qui l'accepte, la propriété exclusive du mur et du sol sur lequel il est assis.
Nous disons « qui l'accepte », car la faculté d'abandon
étant réciproque, il peut, lui aussi, pour éviter de payer
les frais de réparation ou de reconstruction, abandonner sa part de mitoyenneté. — Le mur sera alors
démoli à frais communs, ou restera en ruines.

S'il accepte au contraire l'abandon de son voisin expressément ou tacitement, il y a concours de consente-
ments, partant contrat. Il devient propriétaire exclusif,
mais à charge pour lui de conserver, réparer et entretenir le mur de clôture. Cette condition n'a même pas
besoin d'être insérée au contrat ; elle est de droit. Par
suite, il ne pourrait démolir le mur pour mettre le terrain en culture, ou pour le remplacer par une haie, une
palissade, une cloison en planches, etc. S'il se permettait un acte de cette nature, le voisin aurait le droit de
reprendre la moitié du terrain qui supportait le mur et
la moitié des matériaux qui le formaient. Cette faculté
cesserait toutefois, si le voisin avait laissé écouler
trente ans sans réclamer, à compter de la chute ou de
la démolition du mur ; le propriétaire pourrait alors lui
opposer la prescription.

Celui qui a abandonné ses droits de mitoyenneté ne
peut plus utiliser le mur ; mais rien ne l'empêche ulté-
rieurement de racheter la mitoyenneté, d' « entrer dans
son premier droit », comme disait l'article 222 de la
Coutume de Paris. Il lui suffira, comme à un acquéreur

ordinaire, de payer la moitié de la valeur actuelle du mur ainsi que du sol sur lequel le mur est édifié.

Nous avons ainsi examiné les principales difficultés qu'a soulevées la mitoyenneté.

Le législateur a réglé cette matière en détail et en termes généralement très clairs. — Nous ne pouvons adresser à son œuvre aucune critique vraiment sérieuse. Aussi, quand en 1881 on a senti le besoin de modifier profondément par la loi du 20 août les dispositions du Code civil relatives à la mitoyenneté des clôtures autres que les murs, on a laissé intacts les articles concernant la mitoyenneté des murs.

La plupart des législations étrangères se sont, du reste, inspirées dans une large mesure des dispositions de notre Code. Les Codes civils italien, espagnol et portugais, notamment, s'étendent longuement sur la question et consacrent, sauf quelques rares exceptions, les solutions admises en droit français.

Le Code civil allemand, toutefois, n'établit ni cession forcée de mitoyenneté, ni clôture forcée. Il ne parle que dans deux articles (art. 921, art. 922) des clôtures mitoyennes, et encore ne vise-t-il pas dans ces articles uniquement les clôtures mitoyennes, mais en général tous les ouvrages qui séparent deux fonds et sont établis pour leur commune utilité.

Vu :

Le Professeur chargé de l'examen de la thèse,

A. FETTU.

Vu :

Le Doyen, **G. de CAQUERAY.**

Vu et permis d'imprimer :

Le Recteur, **J. JARRY.**

TABLE DES MATIÈRES

DEUXIÈME PARTIE

Conséquences de l'établissement de la mitoyenneté.